광야를 걷고 있는 그대에게

(주)죠이북스는 그리스도를 대신한 사신으로
문서를 통한 지상 명령 성취와 하나님 나라 확장을 위해 노력합니다.

광야를 걷고 있는 그대에게
© 2020 김유복

이 책의 저작권은 저자와 독점 계약한 (주)죠이북스에 있습니다. 신 저작권법에 의하
여 한국 내에서 보호받는 저작물이므로 무단 전재와 무단 복제를 금합니다.

죠이북스는 죠이선교회의 임프린트입니다.

광야를
걷고 있는
그대에게

세상의 기준에 저항하고
하나님 나라를 창조하라

김유복 지음

죠이북스

본문에 인용된 성경 구절은 '새번역'이며, 다른 역본을 인용한 경우, 따로 표기
하였습니다.

차례

6　　　　　서문

12　　　　1장. 일과 소명
　　　　　하나님의 관점으로 일의 가치를 평가하라

38　　　　2장. 저항과 창조의 길
　　　　　하나님 나라를 위해 부름받았음을 잊지 말라

70　　　　3장. 불안과 진리
　　　　　불안이 엄습할 때 하나님의 진리를 붙들라

94　　　　4장. 승리를 위한 상상력
　　　　　문제 앞에서 창조적 상상력을 발휘하라

114　　　5장. 깨어짐
　　　　　깨뜨리기보다 깨어지는 것을 택하라

138　　　6장. 우정의 힘
　　　　　세상에서 그리스도인의 친밀한 우정을 나누라

162　　　7장. 분노를 이기는 경청
　　　　　분노가 끓어오를 때에는 경청하라

184　　　8장. 곤경과 긍휼
　　　　　곤경에 빠졌을 때 하나님께 집중하고 긍휼을 베풀라

206　　　9장. 무너짐이라는 기회
　　　　　삶이 무너질 때 다시 광야로 나가라

236　　　주

서문

광야에서는 풀 한 포기도 자라기 어렵다. 그만큼 광야는 사람이 살만한 곳이 못 되지만, 하나님은 그곳에서 새로운 것들을 창조하신다. 하나님은 하나님의 사람들을 광야로 내보내신다. 바벨론이라는 도시로부터 아브라함을 불러내서서 광야를 떠돌아다니는 유목민이 되게 하신다. 광야에서 하나님은 아브라함을 하나님의 정의와 공의를 실현하는 나라의 조상으로 세우셨다. 광야에서 히브리인들을 하나님의 백성으로 '창조'하신다. 하나님은 이스라엘을 자주 나의 "창조물"이라고 부르셨다(사 43:1, 7, 44:21, 46:4). 이스라엘은 광야에서 하나님의 작품이 되어 갔다. 하나님은 모세를 광야에서 새롭게 하셨고, 엘리야에게 새로운 소명을 주셨다. 광야는 하나님이 창조하시는 공간이다.

하나님은 다윗도 광야로 보내셨다. 표면적으로 청년 다윗은 사울 때문에 그런 척박한 땅으로 쫓겨나 생존해야 했다. 생존 자체도 힘겨운 땅에서 다윗은 마치 사냥감처럼 사울에게 쫓겨 다니며 살아야 했다. 그는 그렇게 광야에 버려진 채, 비루한 존재로 혹은 약탈자로 생존을 위해 살아갈 수도 있었다. 그러나 온통 사울이 지배하는 세상에서 다윗은 광야를 달리며 왕으로 성장해 간다. 광야에서 하나님 나라를 꿈꾸며 달리는 왕으로서의 삶을 살아 낸 것이다.

청년 다윗은 사울이 지배하는 세상에 저항했다. 그는 사울의 세상이 규정하는 대로 자신을 바라보지 않는다. 사울처럼 되어 가려는 유혹에도 저항한다. 광야의 척박함과 쫓기는 삶의 불안에도 굴복하지 않는다. 그는 자신을 보호하기 위해 사울에게 보복의 칼날을 들이대지 않는다. 부하들이 사울을 죽이자고 했을 때도 그는 하나님의 뜻을 좇는다.

다윗은 저항할 뿐 아니라 창조했다. 그는 세상의 규정에 굴복하지 않고 하나님 안에서 자신의 정체성을 발견한다. 다윗의 삶을 추동한 것은 바로 소명이다. 그는 세상의 압력이 아닌 하나님이 자신을 부르신 그 부르심에 따라 살아간다. 다윗의 유언을 보면 그가 자신을 어떻게 생각하며 살았는지 알 수 있다. 그는 자신을 "높이 일으켜 세움을 받은 용사, 야곱의 하나님이 기름 부어 세우신 왕, 이스라엘에서 아름다운 시를 읊는 사람"(삼하 23:1)이라고 소개한다. 이것은 다윗의 사명선언문이었다. 광야에서 그는 하나님의 싸움을 싸우는 전사이자, 시를 읊는 시인으로 살았다. 또한 그는 광야에서부터 왕으로서의 삶을 살았다.

다윗이 사울에게 쫓기며 살아야 했던 광야는 오늘날 청년 그리스도인들이 살아가야 하는, 자본이 지배하는 세상과 참 많이 닮았다. 오늘날의 청년 그리스도인들도 다윗이 살았던 광야의 삶과 다를 바 없는 거칠고 모진 세상을 살아가고 있다. 이 세상은 사람을 기계 부속 정도로 취급하며, 돈으로 사람의 가치를 매기고, 자신을 보잘것없는 존재로 여기도록 강요한다. 그러나 다윗이 그러했듯이 세상이라는 광야에서 쫓기듯 치열한 삶을 살아야 하는 청년 그리스도인들은 광야에 버려진 것이 아니다. 청년 다윗의 생애는 세상이 규정하는 대로 스스로를 하찮게 여기거나 꿈꾸는 것조차 사치라 여기는 세상에서도, 하나님의 사람들이 왕 같은 인생을 살아갈 수 있다는 것을 보여 주었다. 이 시대를 살아가는 청년들에게도 광야 같은 세상에서 왕 같은 삶을 살아 내야 할 사명이 있다. 용기를 내어 주님과 함께 광야의 시간을 달려가야 하리라.

스물세 살 때부터 선교 단체 간사로 시작해 청년들을 섬겨 온 세월이 어느덧 30년을 넘어섰다. 세월이 지나는 동안 청년들의 삶이 고달프지 않은 적은 없었다. 모든 청년 세대는 그 시대의 아픔을 몸소 고스란히 겪는다. 청년들의 고통은 그 시대가 겪는 질병의 통증이다.

그런 청년들에게 교회가 희망이 되기에는 너무 늦은 것이 아닌가라는 의혹이 들 때가 있다. 하나님은 소망이 없어 보이는 시대에도 다음세대를 이끌 리더들을 광야로 보내신다. 하나님이 광야로 보내시는 사람이 희망이다.

그리스도인은 저항하는 사람이다. 하나님은 "우리를 이 악한 세대에서 건져 주시려고"(갈 1:4) 예수 그리스도로 십자가를 지시게 했다. 우리는 저항해야 한다. 사울이 만들어 놓은 질서에 다윗이 저항했듯이 우리도 세상의 지배 원리들에 저항해야 한다. 세상이 우리를 규정하지 못하게 하고, 하나님의 뜻 안에서 자신이 누구인지를 발견하고, 생의 목적을 찾아 세상을 거꾸로 질주해야 한다.

그리스도인은 창조하는 사람이다. 탐욕과 폭력으로 부패한 옛 세상을 대신할 하나님 나라의 새로운 질서로 자신의 삶과 공동체를 새롭게 창조하는 사람이다. 그리스도인은 옛 질서에 저항하고 새로운 질서를 세상으로 가지고 온다. 그를 통해 하나님 나라의 새로운 공동체가 세워지는 것이다. 다윗은 아둘람 동굴로 자신을 찾아온 이들과 함께 하나님이 그분의 백성 이스라엘에게 그토록 바라신 '헤세드의 공동체'를 세웠다. 그는 저항했고, 하나님 나라의 질서로 자신의 생각과 일상, 그리고 공동체를 형성했다. 이 책을 읽는 그리스도인들이 똑같은 광야의 시간을 살아간 다윗의 저항 정신을 배우고, 하나님의 말씀으로 말미암는 창조적인 상상력으로 자신의 일상과 공동체에 하나님 나라의 질서를 세워 가길 바란다.

18년 전, 필자가 대학생들과 함께 개척해 지금까지 섬기고 있는 기쁨의교회 구성원 절대다수가 이삼십 대 성도들이다(덕분에 지금도 학원복음화협의회에서 주최하는 복음 전도를 위한 토크 콘서트에 불려 다니며 젊은 이들과 소통하고 있다). 교회를 개척할 때 스무 살 어간이던 젊은이들이 이제는 자라서 결혼하고 자녀들도 생겼다. 나는 젊은이들과 함께 늙어 가고 있음을 감사한다. 나는 그들 곁에서 그들의 소망과 성장을 지켜보았고, 그들이 겪는 유혹과 좌절 또한 지켜보았다. 이 책은 그들과 함께한 내 삶의 열매다. 이 책에는 내가 그들에게 들려주었고, 앞으로도 들려줄 이야기들이 담겨 있다.

필자는 이 책을 통해 광야 같은 세상을 살아가는 이 시대의 젊은 그리스도인들이 다윗처럼 하나님 나라를 위해 싸우는 전사로, 하나님의 아름다우심을 노래하는 시인으로, 또한 비록 미완성의 왕이지만 광야의 당당한 왕으로 살아가기를 (민호기 목사가 지은 찬양 가사처럼) "바라고, 원하고, 기도한다."

유명한 작가들이 하는 것을 보고 나도 꼭 따라 해보고 싶던 것이 있었다. 누군가에게 책을 헌정하는 것이다. 나는 자신이 가장 아름다웠던 이십 대부터 지금까지 광야의 시간을 함께 달리며 헤세드의 공동체를 세워 가고 있는 우리 교회 동역자들에게 이 책을 바치고 싶다. 또한 광야처럼 지난한 삶 가운데서도 하나님이 주신 소명을 붙잡고 살아가고 있는 모든 젊은 동역자에게도 이 책을 바친다.

"눈부신 젊음을 드려 교회를 섬기며 세워 온
그대들에게 이 책을 바칩니다."

1장

일과 소명
하나님의 관점으로 일의 가치를 평가하라

사무엘이 이새에게 "아들들이 다 온 겁니까?" 하고 물으니, 이 새가 대답하였다. "막내가 남아 있기는 합니다만, 지금 양 떼를 치러 나가고 없습니다." 사무엘이 이새에게 말하였다. "어서 사람을 보내어 데려오시오. 그가 이곳에 오기 전에는 제물을 바치지 않겠소"(삼상 16:11).

사울을 대신해 이스라엘을 통치할 새 왕을 찾아 사무엘이 다윗의 동네로 왔다. 사무엘은 이새와 그 아들들을 특별히 성별하여 제사에 초대하였다. 하나님이 이새의 아들들 가운데서 왕이 될 사람을 알려 주겠다고 말씀하셨기 때문이다. 이새는 평소와 다름없이 양을 치라고 다윗을 보낸 상황이었다(삼상 16:3-5, 10).

다윗의 직업은 양치기였다. 양치기라는 직업은 하찮은 일에 속했다. 당시 첨단 산업이던 농업에는 많은 도구와 경험, 기술이 필요한 반면, 목축업은 규모가 작았을 뿐 아니라 양치기는 특별한 기술이 없어도 아무나 할 수 있는 일이었다. 양을 치는 일은 주로 여성이나 어린아이에게 맡겨졌다.

그러나 다윗에게 양치기라는 일을 맡긴 것은 단지 나이가 어렸기 때문만은 아니었다. 이스라엘의 마지막 사사 사무엘이 이새의 아들들 가운데 왕을 선택하기 위해 모두를 불렀을 때에도 다윗은 양을 치고 있었다. 남은 아들이 더 없느냐는 선지자의 물음에 이새는 다윗을 "막내"라고 불렀다. '막내'라고 번역된 히브리어 '하카톤'은 원래 '하찮은 이'라는 뜻이다. 다윗은 집안에서 인정받지 못한 하찮은 존재였다. 아들들을 '모두' 불러오라는 사무엘의 명령에도 아예 초대조차 받지 못했으니 말이다. 아마 야곱이라면 나이 어린 요셉을 가장 먼저 보여 주었을 것이다.

다윗이 집안에서 거의 없는 사람 취급을 받은 일화는 더 찾을 수 있다. 하루는 아버지 이새가 다윗에게 전장에 나가 있는 형들의 안부를 확인하고 오라고 한다. 아버지의 명을 받은 다윗은 먹을 것을 싸들고 형들이 있는 전장을 찾아간다. 그런데 큰형 엘리압은 다윗을 보더니 야단을 친다. "너는 어쩌자고 여기까지 내려왔느냐? 들판에 있는, 몇 마리도 안 되는 양은 누구에게 떠맡겨 놓았느냐? 이 건방지고 고집 센 녀석아, 네가 전쟁 구경을 하려고 내려온 것을, 누가 모를 줄 아느냐?"(삼상 17:28) 엘리압에게 다윗은 몇 안 되는 양조차도 제대로 돌보지 못하고 전쟁 구경이나 하러 온 철부지에 불과했던 것이다.

사람들에게 없는 사람, 하찮은 사람 취급을 받으며 지내는 것은 대단히 마음 상하는 일이다. 오늘날과 같은 자본주의 사회에서는 돈 버는 능력으로 존재 가치가 정해진다. 이런 세상에서는 소득이 적은 일은 다 하찮은 일이 되고, 그런 하찮은 일을 하는 사람은 하찮은 존재로 취급을 받는다. 아파트 경비원들이 에어컨 없는 경비실에서 근무하고 청소원들이 휴게실도 없이 화장실에서 휴식을 취하는 것이 이들을 에어컨이나 휴게실이 없어도 되는 사람으로 여기기 때문이다. 식당이나 편의점에서 근무하는 종사자에게 초면에 말을 놓는 사람도 있고, 외국인 노동자에게 나이를 불문하고 하대하는 사람도 적지 않다.

육아에 전념해야 하는 젊은 엄마들, 취업을 준비하고 있어서 또는 취업이 되지 않아서 여기저기 아르바이트를 뛰어야 하는 젊은이들, 잘나가는 직장을 다니다 은퇴하고 이전보다 훨씬 적은 수입으로 살아가야 하는 은퇴자 등과 같은 처지에 있는 사람들 중에는 자신이 처한 상황 때문에 스스로를 초라하게 여기는 이들도 있다. '나는 아이의 똥 기저귀나 가는 사람인가?' '나는 계산기에 불과한 사람인가?' '나는 결혼도, 좋아하는 일도, 심지어 의미 있는 삶조차 꿈꿀 수 없는 하찮은 일을 하는, 하찮은 존재일 뿐인가?' 육아나 아르바이트 같은 일은 진짜 일이 아닌 것 같고, 하찮게 여겨진다. 더 나은 일을 해야 할 것 같다. 대부분의 경우 육아나 아르바이트 같은 일들은 자신이 좋아서 하는 일이 아니다. 게다가 사람들은 '맘충'이니, '루저'니, '3포 세대'니 하는 말로 그런 이들을 규정하려 든다.

세상의 압력에 저항하다

이렇듯 세상은 예나 지금이나 우리가 하는 일과 소유로 우리의 존재를 규정하려 든다. 고대 세계에서 육체노동을 하는 이는 노예들이었고, 통치하는 이들은 신의 형상으로 자처한 왕족이었다. 중세에 이르러서는 사람들이 하는 일에 따라 신분이 정해졌다. '백정'처럼 소나 개, 돼지 등을 잡는 일을 하는 사람들은 계급이 낮았고, 천한 일을 하는 천한 사람이라며 천시되었다. 근대에 들어서도 사정은 달라지지 않았다. 땅이나 자본이 없는 사람은 자본가에게 예속된 삶을 살아갈 수밖에 없다. 결국 자본가에게 선택된 대기업 정규직이나 전문직과, 선택되지 못한 비정규직, 실직자, 취업 준비생, 아르바이트생 등, 이룬 자와 이루지 못한 자, 가진 자와 갖지 못한 자로 분류되는 것이다.

이러한 세상 속에서는 사람들에게 휘둘리기 십상이다. 세상이 취급하는 대로 스스로를 하찮은 존재라 믿어 버리는 것이다. '잉여', '루저' 같은 단어들로 자신의 처지를 비하하거나, '흙수저', '금수저' 같은 말로 노력해도 어찌할 수 없는 자신의 처지를 비관하기도 한다. 세상이 변변찮게 생각하는 일을 하고 있으면 스스로도 하찮은 존재로 여기라는 압박을 사람들로부터 또 자기 스스로 받게 되는 것이다.

다윗 역시 하찮은 일이나 하는 하찮은 사람으로 취급받았다. 그러나 다윗은 자신을 하찮게 취급하는 사람들의 시선에 굴복하지 않왔다. 자신을 몇 마리 되지 않는 양이나 치는 이로 여기게 하는 사람들의 압력에 굴복하지 않았다. 형들의 안부를 알아보고 오라고 한 그 전쟁터에서 다윗은 자신이 할 수 있는 일을 하려고 했다. 바로 골리앗을 물리치는 일이다.

다윗은 자신의 가능성을 사람들의 관점에 맞춰 제한하지 않았다. 큰형 엘리압이 격노해서 전쟁이나 구경하러 왔느냐고 나무랄 때 다윗은 이렇게 대답한다. "내가 무엇을 하였나이까 어찌 이유가 없으리이까"(삼상 17:29, 개역개정). 그가 나선 데에는 이유가 있었다. 다윗은 하나님의 백성을 모욕하는 골리앗을 물리치는 그 '일'이 바로 자신이 해야 할 일, 그리고 할 수 있는 일이라고 여긴 것이다(삼상 17:31-47).

다윗은 자신을 양치기 역할 속에 가두어 두려는 이들에게 저항한다. 사람들의 평가에 매이지 않는다. 그는 자신에 대한 사람들의 규정과 평가에 굴복하지 않는다. 하나님이 주신 재능들을 이용하여 하나님을 위해 새로운 일을 시도하고 창조해 낸다.

다윗은 양치기 일을 하면서 맹수들을 격퇴하기 위해 돌팔매를 익혔다. 돌팔매는 당시 전장에서 기습해 오는 기마병을 쓰러뜨리기 위해 고안된 투석병의 전투 기술이기도 했다. 맹수와 싸워 본 경험으로 전장에 나간 다윗은 하나님과 하나님의 백성을 모욕하는 골리앗과 맞서 싸우는 전사가 되었다.

다윗이 그렇게 맞설 수 있던 것은 그가 세상이 아닌 하나님 안에서 자신을 바라보았기 때문이다. 세상은 그를 하찮은 양치기로 규정했지만, 광야에서도 하나님 안에 살기를 원한 다윗은 그 하나님 안에서 자신을 발견한다. 다윗은 하나님 안에서 하나님이 주신 모든 가능성을 실현하는 삶을 살아 낼 수 있었다.

하나님 안에서 다윗은 하나님의 피조물인 양 떼를 지키는 목동이자(삼상 16:11), 병든 사람의 영혼을 치유하는 음악가(삼상 16:23)였고, 하나님을 대적하는 적들과 싸우는 "높이 일으켜 세움을 받은" 용맹한 전사요 하나님의 백성을 지키는 "야곱의 하나님이 기름 부어 세우신 왕", 광야에서 하나님의 아름다움을 노래하는 "아름다운 시를 읊는 사람"으로 살았다(삼하 23:1). 다윗의 투쟁은 새로운 이야기를 창조했고, 그의 이야기를 좇는 사람들과 함께 새로운 공동체를 탄생시켰다. 그리고 그들은 장차 하나님의 자비, 헤세드가 지배하는 새로운 질서를 창조해 낸다.

세상의 노예에서 하나님의 종으로

하나님 안에서 자신의 가치를 새롭게 규정하는 것은 다윗 개인뿐 아니라 이스라엘 백성 안에서도 찾아볼 수 있다. 이것은 성경이 계속해서 우리에게 전하는 메시지다. 다윗과 마찬가지로 이스라엘 백성도 끊임없이 자신을 하찮은 일이나 하는, 하찮은 존재로 여기게 만드는 압력에 직면해야 했다.

이스라엘 백성은 잠시 기근을 피하기 위해 내려간 이집트에서 절대 권력 파라오에 의해 부당하게 노예로 전락했다. 파라오는 이스라엘을 국가 노예로 삼아 비돔성과 라암셋성을 건설하는 데 필요한 벽돌을 굽게 했다. 모세가 파라오에게 나아가 여호와 하나님께 제사를 드리기 위해 노역을 쉬겠다고 하자, 파라오는 그들에게 "어서 물러가서, 너희가 할 일이나 하여라"(출 5:4)라고 말한다. '너희는 여호와 하나님을 예배하는 하나님의 백성이 아니라 이집트의 번영을 위해 노역하는 노예들'이라는 것이다.

그러나 하나님은 이스라엘 백성이 스스로를 이집트의 노예라 여기지 못하게 하신다. 언젠가 여호와 하나님은 그들을 잔인한 중노동에서 해방시켜 하나님의 나라를 세우게 하실 것이었다. 그러므로 그들은 반드시 이집트를 떠나야 했다. 그들은 이집트의 노예가 아니라 하나님의 정의와 공의를 세상에 실현해야 할 하나님의 백성이기 때문이다. 하나님은 이스라엘의 조상 아브라함을 부르실 때, 그의 후손들이 여호와 하나님의 도를 지킴으로 하나님의 정의와 공의를 실현하는 강대한 나라를 이루게 될 것이라고 말씀하셨다(창 18:18-19). 아브라함의 후손으로서 이스라엘은 하나님의 나라를 이루고, 하나님의 나라를 살기 위해 지음받은 존재다. 이스라엘은 하나님이 세상을 구원하고 회복하실 목적으로 택하신 민족이었다. 이스라엘은 하나님이 부르신 목적을 항상 기억해야 했다. 그들은 자신을 노예로 삼은 이집트나 바벨론을 위해 일하는 것이 아니라 하나님의 나라를 위해 일해야 했던 것이다.

심지어 하나님께 징계를 받아 바벨론에 포로로 잡혀 가 있을 때에도 그들은 바벨론의 포로가 아니라 여호와의 종임을 기억해야 했다. 여호와의 종은 여호와 하나님의 목적을 위해 일해야 한다. 이사야 선지자는 그들이 바벨론이라는 유배지에 정착해야 할 노예가 아니라, 온 세상에 하나님의 정의와 공의를 베풀어야 할 하나님의 종이라는 사실을 끊임없이 상기시켰다. 비록 바벨론의 포로로 하찮게 여겨지는 존재이지만, 그들은 온 세상을 위한 빛이며 진리로 공의를 베풀 존재라는 사실을 지속적으로 일깨웠다(사 49:3, 6, 51:4-8). 그들은 세상이 그들을 하찮은 노예로 규정하려는 압력에 저항해야 했던 것이다.

이사야는 바벨론의 포로 신세인 이스라엘이 그들을 통해 하나님이 이루실 새 일을 꿈꾸고 상상하도록 자극한다. 하나님은 그들과 함께 하나님의 정의와 공의가 실현되는 나라를 세우실 것이다. 바벨론에게 파괴되어 황폐한 시온은 에덴동산처럼 회복되고, 주님의 동산처럼 회복될 것이다. 그 땅에는 기쁨과 즐거움이 깃들며, 감사의 찬송과 기쁜 노랫소리가 울려 퍼질 것이다(사 51:3). 여기서 끝이 아니다. 그들을 통해 온 세상에 하나님의 법이 실현될 것이다. 하나님의 정의는 "만백성의 빛이 될 것"이고(사 51:4), 그 빛은 땅끝까지 이르는 "뭇 민족의 빛"이 되어 온 세상을 비출 것이다(사 49:6). 그러므로 하나님의 정의를 아는 사람들, 그 마음에 하나님의 율법을 간직한 주님의 백성은 세상의 비난과 비방에 놀라지 말고 하나님의 뜻을 실현하기 위해 일하기를 멈추지 말아야 한다(사 51:7).

우리는 저항해야 한다. 자신을 하찮게 여기라는 세상의 압력에 굴복하지 말아야 한다. '잉여', '루저', '비정규직', '기간제', '단순 노무직' 등, 이러한 말들이 우리를 규정하지 못하게 해야 한다. 하나님의 사람은 세상이 강요하는 대로 자신을 바라보지 않는다. 그것은 우상 숭배다. 월터 브루그만은 세상이 보라는 방식대로 보는 것이 우상 숭배의 본질이라고 말했다. "우상 앞에 절한다는 것은 상상력을 넘겨주어서 그 우상이 설정한 방식으로 세계를 경험하고 해석하는 것"¹이다. 그리스도인은 자신이 하는 일과 자기 자신을 세상의 관점에 따라 바라보지 않는다.

우리는 하나님이 세상을 구원하시는 그 이야기 속에서 우리 자신을 바라본다. 우리가 하는 일들은 하나님 나라의 이야기 속에서 새롭게 정의된다. 하나님 나라 안에서 우리는 하찮은 일을 하는 하찮은 이들이 아니다. 하나님 나라에서 우리는 하나님의 마음을 담은 시를 쓰는 시인, 고통에 빠진 영혼을 치유하는 연주자, 세상의 불의에 맞서 싸우는 정의로운 왕, 고통과 절망에 신음하는 자들을 위한 희망의 등불, 다툼과 전쟁이 있는 곳에 평화를 심는 농부가 될 수 있다.

우리는 하나님의 영광을 드러낼 빛이며, 만국을 여호와 하나님께로 인도하는 길이다. 하나님은 우리가 세상을 밝히는 빛이라고 하셨다(사 60:1). 우리를 통해 세상 모든 만민이 하나님의 영광을 찬송하게 될 것이라고 하셨다(사 60:6). 우리는 그런 존재다. 우상이 지배하는 세상은 인간의 가능성을 압살하지만, 우상 파괴자이신 하나님은 우리를 그들에게서 해방시켜 우리 안에 있는 모든 가능성을 실현하게 하신다.

우리는 무엇을 해야 하는가_ 하나님의 통치를 실현하라

우리가 하는 일에는 하나님의 통치를 세상에 실현하고 회복하시려는 하나님의 목적이 반영되어 있다. 성경에서 가장 처음 나오는 책은 하나님이 인간을 창조하시고 그에게 일을 맡기셨다고 기록하고 있다(창 1:26-28). 그에게 맡겨진 책임은 에덴동산을 지키며, 하나님을 대신해 피조 세계를 잘 다스리고 정복하는 것이었다. 요컨대, 아담은 하나님의 피조 세계에 그분의 통치를 실현할 통치자로 지음받은 것이다. 아담의 일은 '에덴동산을 지키고 가꾸는 일'(창 2:15), '동물들에게 이름을 지어 주는 일'(창 2:19-20)과 같은 것이었다. 이러한 것들은 하나님의 대리 통치자로서 피조 세계를 보존하고 하나님의 창조를 계승하여 문화를 발전시키는 일이다. 성경은 이를 "왕 노릇"이라 말한다(롬 5:17).

다윗이 양 떼를 몰아 쉴 만한 물가와 푸른 초장으로 데려가는 일, 양 떼로 풀을 뜯게 하고 깨끗한 물을 마시게 하는 일은 바로 하나님의 일이었다. 포도나무를 심고 달콤한 포도송이를 수확하는 일, 포도주를 담그는 일, 씨를 뿌리고 곡물과 열매를 수확하는 일, 시를 쓰고 곡을 붙여 노래하는 일, 악기를 제작해 연주하는 일, 가축을 기르고 새끼를 치는 일, 사람들이 유용하게 쓸 상품을 제작하기 위해 주문서를 넣는 일, 끊어진 교량과 손상된 도로를 보수하기 위해 시멘트를 섞는 일, 아이들의 안전한 등하교를 위해 버스를 운전하는 일 등 우리가 하는 모든 일은 하나님의 대리 통치자로서 행하는 것이다. 그리스도인은 이러한 '일들'을 통해 세상 속에 하나님의 통치를 실현한다.

유진 피터슨은 이러한 일들이 "왕업"이 되어야 한다고 말한다. 그에 따르면, 인간의 일은 하나님의 주권을 드러내는 활동이다. 인간의 일은 하나님이 하시는 일의 연장이라는 것이다.

> 주권자는 혼돈으로부터 질서를 이루어 내며, 사물과 사람들의 존엄성을 지키기 위해 싸우며, 부정과 불행과 비참함으로부터 희생자들을 구해 내며, 정죄받고 저주받은 이들에게 용서를 베풀며, 병든 자를 치유하며, 그 임재를 통해 대지와 사람들에게 존엄성과 영예를 부여하는 일 등을 한다.[2]

우리가 하는 일이 하나님이 세상에서 하시는 일의 연장이라면, 우리는 하나님의 뜻대로 일하는 것으로 하나님의 통치를 이 세상에 실현해야 한다. '그리스도 안에서' 일하지 않을 때 비극적인 일들이 일어난다. 그리스도 안에서 일한다는 것은 정의롭게 일한다는 뜻이다. 우리가 하는 일이 하나님의 정의와 공의를 실현하는 일이 되려면, 일의 맥락을 잘 살펴야 한다.

군사 정권 아래서 무고한 시민들을 고문하거나 살해한, 자신의 직무에 충실했던 이른바 '신실한 그리스도인'들이 있었다. 가난한 나라의 자원을 약탈하다시피 하고 환경을 파괴하며 경제를 무너뜨리는 다국적 기업에서 아무런 문제의식 없이 충성을 바치는 그리스도인들도 있다. 살인적인 노동 시간으로 직원들을 착취하면서도 그것이 자신의 소명이라 믿는 그리스도인 기업가들도 있다. (일부 교회에서 벌어지는 일이겠지만) 많은 전임 사역자가 새벽 기도회로 하루를 시작해 살인적인 일정에 따라 밤늦게까지 일하며 착취당하다가 어느 날 갑자기 해고를 당한다. 이 모든 부패한 일이 일어나는 것은 우리가 '그리스도 안에서' 일하지 않기 때문이다.

나치에 충성했던 이들은 한결같이 "나는 내게 주어진 일에 최선을 다했을 뿐"이라고 주장했다. 그리스도인은 일뿐 아니라 그 일이 가진 의미와 목적, 그리고 맥락을 고려해야 한다. 또한 그 일이 하나님의 뜻을 실현하는 일인지 아니면 불의를 조장하는 일인지를 진지하게 질문해야 한다. 다음에 인용한 글은 한 그리스도인 검사가 자신의 일을 통해 하나님의 정의와 공의가 이루어지기를 바라며 쓴 기도문이다.

"최선을 다해 주님의 공의를 실천하는 사람이 되겠습니다. 고통받는 피해자의 마음을 위로하는 따뜻한 손길이 되겠습니다. 비뚤어진 영혼이 돌아설 수 있도록 다독이는 따뜻한 손길이 되겠습니다. 잔인한 정의가 아니라 따뜻한 정의가 실현되도록 마음과 능력을 다하겠습니다. 지치지 않을 수 없겠지만 조금은 덜 지

치고, 지치더라도 다시 기운 낼 수 있도록 주님, 지켜 주세요."³

임은정 검사는 2012년 9월 6일, 당시 민청학련 사건으로 15년 형을 선고받은 박형규 목사의 재심 사건에서 상부의 부당한 지시에 저항하며 무죄를 구형했다. 그 뒤 임 검사는 검사의 품위 손상 등을 이유로 4개월 정직이라는 중징계를 받았다. 이후로도 임 검사는 지속적으로 직장 내의 압력과 악의적인 언론 때문에 고통을 당해야 했다. 조직 문화를 거슬러 하나님의 공의를 실천하는 삶에는 압박과 고통이 뒤따른다. 이처럼 그리스도 안에서 일할 때는 고난을 받을 수 있다. 여기 다윗이 쓴 시편을 함께 읽어 보자.

남들이야 어떠했든지, 나만은 주님께서 하신 말씀을 따랐기에, 약탈하는 무리의 길로 가지 않았습니다. 내 발걸음이 주님의 발자취만을 따랐기에, 그 길에서 벗어난 일이 없었습니다(시 17:4-5).

다윗 역시 동일한 압박을 받았다. 권력을 가지고 약탈하는 무리와 한통속이 되라는 압력에 직면했다. 그는 사울을 죽임으로 사울의 권력을 찬탈할 수도 있었고, 척박한 광야에서 자신이 가진 군사력으로 약탈을 통해 생계를 유지할 수도 있었다. 그러나 그는 그 길을 선택하지 않았다. 모두가 이쪽으로 갈 때, 홀로 저쪽 길을 선택하는 것은 위험한 일이다. 그런 사람은 융통성 없는 사람, 혼자 잘난 척하는 사람, 너무 깨끗해서 물고기도 살 수 없는 그저 맑기만 한

고지식한 사람이다. 심지어 그런 사람은 조직의 배신자라는 오명을 뒤집어쓰기도 한다. 다윗도 그랬을 것이다. 그러나 다윗은 그런 무리와 다른 길을 걸었다. 남들이 모두 그 길로 간다 할지라도, 주님의 말씀을 듣고 주님의 발자취를 따랐다.

우리의 일터는 하나님의 통치를 실현하기 위한 '부르심'의 자리임을 기억해야 한다. 우리를 일터로 보내신 분은 바로 하나님이기 때문이다. 그러므로 일터의 룰과 하나님의 룰이 충돌할 때, 그리스도인은 일터의 주인이신 하나님의 뜻을 따름으로 세상에 하나님의 질서를 창조해야 한다.

우리를 왜 이곳에 두셨는가_ 하나님의 목적을 기억하라

하나님이 일터의 주인이시라면, 그분이 우리를 지금 이곳에 두신 목적이 있을 것이다. 우리는 다음과 같은 목적들을 발견할 수 있다.

첫째, 일터는 다음 단계의 소명을 위해 우리를 구비시키는 훈련의 장소가 될 수 있다. 다윗이 양을 지키기 위해 익혀야 했던 돌팔매질은 후일 골리앗을 무너뜨려 블레셋과의 전쟁을 승리로 이끄는 데 결정적인 역할을 했다(삼상 17:41-54). 다윗은 광야에서 양 떼를 몰아 안전한 곳으로 인도해 꼴을 뜯게 했다. 이런 경험은 훗날 억울한 일을 당하고 그를 찾아온 사람들을 안전한 곳으로 인도하는 데 유용하게 활용되었다(삼상 23:14).

우리가 일터에서 배우게 되는 능력은 직업적인 전문성과 기술뿐만 아니라 대인 관계 능력, 문제 해결 능력 등 다양하다. 일터에서 배운 이런 능력들은 후일 하나님의 나라를 위해 중요한 영역에서 사용될 수 있다.

데이비드 부소는 마이크로 크레딧 사업으로 세계의 수많은 가난한 사람들의 자립을 돕고 그들이 풍요로운 삶을 살 수 있도록 만들었다. 그가 벌인 마이크로 크레딧 사업으로 300만 개의 일자리가 창출되었고 가난에 찌든 많은 사람이 가난에서 벗어날 수 있었다. 그는 어느 추운 겨울날, 아홉 살 어린 나이에 고아원에 맡겨졌다. 열세 살 때 그의 하루 일과는 새벽 5시 30분에 시작되었다. 아침을 먹기 전 닭 모이를 주고 나서는 산더미 같은 세탁물을 빨고 다림질을 해야 했다. 그러고는 저녁 준비와 식사 후 청소, 설거지까지 고된 일이 이어졌다. 학교 가는 시간을 제외하고는 거의 모든 시간 동안 일을 해야 했던 것이다. 그는 그 시절의 경험을 다음과 같이 회고한다.

> 멀리 내다볼 때, 우리가 한 일은 좋은 훈련이 되었습니다. 농장을 운영하고 집안을 경영하는 데 필요한 일들을 배웠지요. …… 어쨌거나 우리는 그 일을 견뎌 냈고, 그 결과 좋은 직업을 가질 수 있었습니다.[4]

지금 하는 일에서 이해되지 않는 것이 많더라도 낙심하지 말라.

당신을 그곳에 두신 분은 하나님이다. 언젠가 당신을 그곳에 두신 이유도 알게 될 것이다.

둘째, 일터는 우리가 영적 성숙을 이룰 수 있는 장소다. 교회와 더불어 일터는 영적으로 성숙하는 데 매우 훌륭한 훈련의 장이다. 다윗은 일터에서 성숙해졌다. 양 떼를 몰면서 그는 푸른 풀밭, 쉴 만한 물가로 인도하시며 자신을 기르시는 하나님을 발견했다. 광야의 밤하늘에 떠 있는 별들을 바라보며 이토록 눈부시게 세상을 창조하신 하나님을 찬미했다. 그는 사람들이 하찮게 여기는 일터에서 위대하신 하나님과의 친밀함을 배워 갈 수 있었다.

게다가 정신적으로 매우 불안한 직장 상사인 사울을 진심으로 섬기면서 성숙했다. 사울이 정신이 나가 다윗을 벽에 박아 버리려고 그를 향해 창을 던졌음에도 다윗은 그를 위해 수금을 연주했다(삼상 19:9-10). 사울이 자기를 미워하고 죽이려 할 때조차도 다윗은 하나님을 의지하여 끝까지 사랑하려 하였다(삼상 24, 26장). 유진 피터슨의 말대로 그는 미치광이가 되어 가는 사울의 모습에서도 일말의 아름다움을 찾으려 노력하였다. 극한의 순간에도 그를 미워하지 않으려 필사의 노력을 다했다. 하나님을 신뢰함으로 원수까지도 사랑하는 법을 배운 것이다. 그는 일터에서 아름다워졌다.

우리도 일터에서 사울 같은 부류의 사람들을 만난다. 까닭 없이 우리를 괴롭히는 사람들이 있다. 또는 까닭이 있겠지만 과도하게 우리를 힘들게 하는 이들도 있다. 기질이나 성격이 몹시 까다로워 함께 지내기 어려운 사람들도 있다. 무능해서 다른 사람들에게 짐이 되는 사람도 만나고, 하는 일마다 딴지를 거는, 파란 불꽃의 눈을 가진 이들도 만난다. 다윗의 상황도 만만치 않았다. 사울은 다윗의 진심을 끝까지 알아보지 못했다. 군대를 동원해 죽이려고 할 정도였다. 이럴 때, 다윗은 하나님을 의지하였다. 악에게 지지 않고 선으로 악을 이기기 위해 무던히도 애를 썼다. 시편 11편은 이런 그의 마음을 잘 묘사하고 있다.

내가 주님께 피하였거늘, 어찌하여 너희는 나에게 이렇게 말하느냐? "너는 새처럼 너의 산에서 피하여라. 악인이 활을 당기고, 시위에 화살을 메워서 마음이 바른 사람을 어두운 곳에서 쏘려 하지 않느냐? 기초가 바닥부터 흔들리는 이 마당에 의인인들 무엇을 할 수 있겠는가?"(11:1-3)

악인들이 세상을 장악해 버려 정의의 기초가 무너져 내리고 있는 마당에 하나님이 웬 말이고, 정의롭게 사는 것이 무슨 의미가 있느냐는 것이다. 주변 사람들의 비관적인 질책에 그는 이렇게 대답한다.

주님께서 그의 성전에 계신다. 주님은 그의 하늘 보좌에 앉아 계신다. 주님은 그의 눈으로 사람을 살피시고 눈동자로 꿰뚫어 보신다. 주님은 의인을 가려내시고, 악인과 폭력배를 진심으로 미워하신다. 불과 유황을 악인들 위에 비 오듯이 쏟으시며, 태우는

바람을 그들 잔의 몫으로 안겨 주신다. 주님은 의로우셔서, 정의
로운 일을 사랑하는 분이시니, 정직한 사람은 그의 얼굴을 뵙게
될 것이다(11:4-7).

다윗은 타락한 일터에서도 하나님을 신뢰하였다. 그리고 그는
타락한 마음에 물들지 않고 하나님의 사람이 걸어야 할 길을 걸었
다. 우리가 일터에서 만나는 모든 일은 선한 일이든 부당한 일이든
우리를 하나님께로 이끈다. 일터는 하나님을 의지하기에 딱 좋은
장소다.

셋째, 일터는 새로운 기회를 제공한다. 일터에서 우리는 새로운
사람들을 만난다. 다윗은 진정한 친구인 요나단을 그의 일터인 왕
궁에서 만났다. 다윗은 요나단과의 우정을 통해 원수인 사울을 용
서하고 사랑할 힘을 얻는다. 요셉은 감옥에서 성실히 일하며 사람
들을 진심으로 섬긴 덕에 자신을 이집트 왕에게 천거해 줄 고위직
관리를 만날 수 있었다.

우리는 일터에서 새로운 가능성을 보기도 하고, 우리 안에 잠재
된 새로운 재능을 발견하기도 한다. 다윗이 골리앗 앞에서도 전혀
주눅 들지 않고 승리를 낙관할 수 있었던 것은 일터에서 발견한 자
신의 재능과 하나님의 도우심을 경험했기 때문일 것이다.

뿐만 아니라 일터는 우리에게 하나님이 살아 계심을 증거할 기
회를 제공하기도 하며, 우리의 선의를 드러낼 기회를 주기도 한다.
하나님은 곤경에 빠진 다윗을 여러 번 구원하셨다. 다윗이 그일라

거민들을 구출하고 난 뒤 사울이 다윗을 도운 그일라 주민들을 멸망시키려 한다는 소식을 들었다(삼상 23:10). 다윗은 그일라 거민들이 자신을 사울에게 넘길 것이라는 하나님의 대답을 듣고, 그들을 떠나 광야로 들어간다. 그때 다윗은 광야의 산성을 찾아다니며 숨어 살았는데, 사무엘서 기자는 그때 상황을 이렇게 적고 있다.

> 그리하여 다윗은 광야의 산성을 찾아다니며 숨어서 살았다. 그는 바로 십 광야의 산간 지역에서 살았다. 그동안 사울은 날마다 다윗을 찾았지만, 하나님이 다윗을 사울의 손에 넘겨주지 않으셨다. 그래서 사울이 다윗의 목숨을 노리고 출동할 때마다, 다윗이 그것을 다 알고서 피하였다(삼상 23:14-15).

하나님은 위기 때마다 다윗을 홀로 버려두지 않으셨다. 사람들은 하나님이 그와 함께 계심을 보고 느꼈을 것이다.

다윗이 광야의 요새에 있을 때 많은 용사가 다윗에게로 나아왔다. 그중 30명 용장의 대장인 아마새는 이렇게 말한다. "다윗 장군님, 우리는 당신의 부하들입니다. 그리고 우리는 당신의 편입니다. 당신과 당신을 돕는 사람들에게 승리가 있을 것입니다. 이것은 당신의 하나님이 당신과 함께 계시기 때문입니다"(대상 12:18 참조).

이렇듯 사람들은 하나님이 다윗과 함께하심을 보았다. 하나님은 우리의 삶을 통해서도 동일한 것을 보여 주실 수 있다.

또한 다윗은 왕이 되기 위해 편법을 쓰지 않았다. 선으로 악을 이겼다. 그의 선의는 자신을 따르는 이들뿐만 아니라 그의 대적들에게도 분명하게 드러났다. 하나님이 우리를 일터에 두신 이유는 우리의 선의를 드러내어 하나님의 선하심을 증거하기 위해서다.

일터는 우리가 그리스도를 증거할 최상의 장소다. 세계 선교를 위한 복음주의자들의 합의문인 케이프타운 선언문은 일터의 중요성을 이렇게 말하고 있다.

> 비그리스도인들과 함께하는 일터는 복음 전도와 변혁을 초래할 중요한 장소임에도 불구하고 소수의 교회만이 그 기회를 포착하기 위해 신자들을 구비시키려는 비전을 갖고 있다.

우리는 일터에서 예수가 그리스도시라는 복음을 '말'로 선포할 뿐 아니라, 그리스도의 말씀을 따라 그 복음을 '살아 냄'으로 증거하여야 한다. 일터는 우리의 선교지이며, 우리는 일터의 자비량 선교사인 것이다.

하나님이 우리를 일터에 두신 이유와 목적이 있음을 믿자. 지금 우리가 하는 '하찮은' 일들이 하나님의 섭리 가운데 있음을 신뢰하자. 지금 당장은 왜 이런 시답잖은 일을 해야 하는지 이해할 수 없을지 모르지만 하나님의 계획이 있음을 믿자. 광야의 다윗처럼 성숙한 사람이 되고 정의로운 리더십을 배양하기 위해, 때로는 아하수에로 왕 앞에 선 에스더처럼 하나님의 백성을 지키고 보호하기 위해 우리를 지금의 일터에 두신 것일지 모른다. 당신을 향한 하나님의 목적을 믿으라. 하나님이 당신을 그곳에 두신 이유가 있다. 일터의 주인은 하나님이기 때문이다.

우리는 어떻게 일해야 하는가_ 사랑으로 일하라

젊은 시절, 선교 단체에서 동역했던 이견우 목사가 미국에 있는 부르더호프 공동체를 다녀와서 들려준 이야기다. 이 목사가 방문한 공동체는 가구를 만들어서 온 세계에 수출하는데, 가구의 질이 좋아 주문이 많이 들어온다고 한다. 일이 많을 때는 공동체 식구가 모두 동원되어 야근을 하기도 한다는데, 노동의 강도가 장난이 아니라는 것이다.

특히 이 목사가 그곳에서 만난 한 젊은 형제의 이야기가 인상 깊었다. 그 형제는 일하던 모두가 잠시 쉬는 시간에도, 점심시간과 일과가 끝난 시간에도 나와서 일을 하더라는 것이다. '공동체에서 무슨 잘못을 저질러 벌을 받고 있는 건가?' 하는 생각까지 들 정도였다. 몹시 궁금해진 나머지 이 목사는 그 청년에게 물었다. "형제는 왜 남들이 다 쉬는 시간에도 나와서 이렇게 힘든 일을 합니까?" 그랬더니 청년이 이렇게 대답했단다. "전 세계에 부르더호프 공동체가 있습니다. 개중에는 경제적으로 잘사는 공동체도 있고 가난한 공동체도 있지요. 제가 열심히 일하면 그만큼 세계의 가난한 공동체 사람들을 도울 수 있기 때문입니다."

그는 사랑하기 위해 열심히 일하고 있었다. 그리스도인은 사랑하기 위해 일한다.

제 힘으로 베데스다 못에 들어갈 수 없어 낫지 못한다고 믿어 온 38년 된 병자를 예수님은 고쳐 주셨다(요 5:5-9). 예수님은 의도적으로 안식일에 이런 일을 많이 행하셨다. 하나님의 모든 창조가 완성된 안식일이야말로 병든 자를 고치기 좋은 날이기 때문이다. 예수님은 안식일에 병을 고쳐 그를 회복시키고 완전하게 하심으로 안식일을 지키셨다. 안식일에 병을 고치는 '일'을 했다며 유대인들에게 핍박을 받으셨을 때, 예수님은 이같이 말씀하셨다.

"내 아버지께서 이제까지 일하고 계시니, 나도 일한다"(요 5:17).

하나님의 일은 무엇일까? 우리의 아버지이기도 하신 하나님은 무슨 "일"을 하시는가? 또한 왜 그 일을 하시는가? 예수님이 하신 일을 보건대, 하나님은 병 때문에 좌절하고 낙망한 한 사람을 회복시키고 완전하게 하기 위해 일하신다. 고통에 빠진 그에게 안식을 주기 위해 일하시는 것이다. 그러므로 예수님은 안식일에 병자를 고치셨다. 안식일에 안식을 주려고 일하신 것이다. 하나님은 사랑 때문에 일하신다. 예수님이 안식일에 38년이나 병을 앓아 온 사람을 고치는 '일'을 하신 이유는 바로 하나님처럼 그를 사랑하시기 때문이다. 예수님은 하나님이 하시는 일을 보고 배우셨다. 우리가 일하는 것은 사랑 때문이다.

우리는 사랑하는 이들의 평강을 위해 고된 노동을 할 수 있다. 어머니들은 사랑을 위해 아기에게 젖을 물리고, 늘 수면 부족에 시달리면서도 잠을 자지 못하는 아기를 도닥이고, 여자로서 바라는 아름다움도 포기하고 살아간다. 사랑 때문이다. 아버지들은 어쩌면 적성에 맞지도 않는 일을 하며 직장 상사와 후배에게, 야근에 시달리며 일한다. 사랑 때문이다.

다윗은 야망과 좌절로 무너진 사울의 영혼이 회복되길 바라는 마음으로 일했다. 그가 한 일은 사울을 위해 수금을 연주하는 것이었다. 예수님이 38년 된 병자를 고치기 위해 일하신 것처럼 다윗은 악신에 사로잡힌 영혼이 회복되길 바라며 연주했다. 유진 피터슨은 이것을 진정한 "왕업"이라고 불렀다. 우리 아버지 하나님은 지금도 누군가의 치유와 회복을 위해 일하신다. 그들을 사랑하기 때문에 일하시는 것이다. 진정한 왕업은 '사랑하는 일'이다. 그러므로 진짜 일은 사랑하는 일이라고 할 수 있다. 더 나아가 사도 바울은 이렇게 말한다.

도둑질하는 사람은 다시는 도둑질하지 말고, 수고를 하여 제 손으로 떳떳하게 벌이를 하십시오. 그리하여 오히려 궁핍한 사람들에게 나누어 줄 것이 있게 하십시오(엡 4:28).

과거에 도둑질하던 사람은 이제 돌이켜 새로운 삶을 살아야 하는데, 그것은 노동을 통해 가난한 사람을 돕는 것이다. 그리스도 안에서 우리의 노동은 제자리를 찾는다.

그리스도인은 이웃을 사랑하기 위하여 일한다. 우리의 가슴이 시키지 않더라도, 때로는 지루하고 고되더라도, 매우 하찮아 보이더라도 우리가 그 일을 하는 이유는 바로 '사랑' 때문이다. 이때, 일이란 반드시 직업을 의미하는 것은 아니다. 일은 직업보다 크다. 그리고 소명은 일보다 크다. 소명은 우리가 노예든 주인이든, 결혼을 했든 하지 않았든, '오직 하나님의 계명을 지키는 삶'(고전 7:19 참조)이기 때문이다. 하나님의 계명을 지키는 삶이란 사랑을 위해 사는 삶이다.

그리스도인인 우리가 고된 노동을 마다하지 않는 것은 바로 '사랑' 때문이다. 우리는 직장 동료를 사랑하라고 그 자리로 부름받았으며, 힘들게 번 돈으로 사랑하는 가족을 섬기라고 부름받았다. 뿐만 아니라 우리가 열심히 일해야 하는 이유는 교회 공동체와 온 세계의 가난한 지체들을 사랑할 수 있어서다.

직장에서의 일뿐 아니라 누군가를 위해 커피를 내리는 일, 쓰레기통에 넘치는 오물들을 분리수거하는 일, 아기의 기저귀를 갈고 무거운 눈꺼풀을 비비며 「피터 래빗」 동화를 읽어 주는 일, 소그룹 모임을 위해 간식을 준비하고 자리를 배치하는 일, 독서 모임을 위해 미리 책을 읽으며 밑줄을 긋고 질문을 만드는 일, 결손 가정의 아이들을 만나서 함께 밥을 먹는 일, 독거노인을 보살피는 일, 직장이나 세상에서 만나는 불의에 맞서기 위해 사람들을 모으고 우리가 가진 영향력을 발휘하는 일, 자녀들에게 성경을 읽어 주고 가르치는 일, 다문화 가정을 초대해 함께 먹을 요리를 준비하는 일, 이 모든 하찮은 일이 바로 하나님이 우리를 통해 깨어진 세상을 회복시키기 위해 사랑으로 행하게 하시는 일이다.

아마도 우리 대부분은 트럭을 개조해 세계 일주를 떠날 수 없을 것이고, 어쩌면 평생 가슴을 두근거리게 하는 행복한 일을 찾지 못할 수도 있다. 하기 힘든 일을 의무감과 책임감으로 하루하루 해치우며 살아야 하는 것이 우리 대부분의 현실일지 모른다. 젊은 엄마 아빠의 육아도, 출근해서 퇴근할 때까지 남의 입속을 들여다보아야 하는 치과 의사의 일도, 하루 종일 노트북 앞에 앉아 자판을 두들겨야 하는 작가의 일도 사실 알고 보면 고역이다.

직업의 세계에서뿐만 아니라 우리가 행하는 모든 일은 하나님의 뜻을 실현하는 하나님의 도구로, 우리를 성장시키시려는 훈련으로, 깨어진 세상을 회복하시는 하나님의 손으로 사용될 수 있다. 그러므로 우리가 하나님 안에서 행하는 일은 그 어느 것도 하찮을 수가 없다.

하나님의 손에 붙잡힌 몽당연필

테레사 수녀는 자신을 하나님의 손에 붙잡힌 몽당연필이라고 했다. 몽당연필은 작고 하찮다. 그러나 위대한 작가의 손에 붙들리면 멋진 그림과 시, 아름다운 문장을 창조할 수 있다. 하여, 세상이 우리를 무엇이라 부르든 상관하지 말자. 세상이 우리의 운명을 무엇이라 정하든 거기에 매이지 말자. 우리를 하찮은 일을 하는 하찮은 이들이라고 부르고 싶어 하는 그들에게 저항하자. 그리고 하나님과 함께 하나님 나라의 새로운 질서를 창조하자. 하나님의 정의와 공의를 실현하는 삶을 살자. 악에게 지지 말고 선으로 악을 이기며 성장해 가자. 탐욕과 폭력이 지배하는 세상에서 고통에 빠져 신음하는 이들을 치유하고 회복시키는 일을 하자. 사람들을 사랑하자. 하나님이 하시는 일을 하자.

(2장)

저항과 창조의 길
하나님 나라를 위해 부름받았음을 잊지 말라

> 주님께서 말씀하셨다. "바로 이 사람이다. 어서 그에게 기름을 부어라!" 사무엘이 기름이 담긴 뿔병을 들고, 그의 형들이 둘러선 가운데서 다윗에게 기름을 부었다. 그러자 주님의 영이 그날부터 계속 다윗을 감동시켰다(삼상 16:12-13).

다윗은 얼떨결에 왕이 되었다. 하루는 집에서 멀리 떨어진 곳에서 양을 치고 있었는데, 집에서 보낸 일꾼 하나가 가쁜 숨을 몰아쉬며 달려왔다. 속히 집으로 내려오라는 전갈이었다. 심각한 분위기를 느끼며 내려간 집에는 형님들 모두와 아버지, 그리고 범상치 않은 한 노인이 있었다. 노인은 이스라엘의 아버지와도 같은 선지자 사무엘이었다.

사무엘은 향유가 담긴 뿔병을 들고 다윗 앞에 섰다. 아버지와 형들이 다윗을 둘러섰고, 노인은 다윗의 머리 위로 팔을 들어 기름이 담긴 뿔병을 기울였다. 기름이 진한 향기를 토하며 다윗의 머릿결을 타고 흘러내렸다. 다윗은 사울을 이어 왕이 될 사람으로 소명을 받은 것이다. 하나님은 그에게 성령으로 충만하게 하셔서 소명을 따라 살아갈 수 있는 힘과 능력을 부어 주셨다. 하찮은 다윗이 이제 왕이 된 것이다.

광야에서 왕 노릇 하기

하지만 다윗이 보좌에 오르기까지는 오랜 세월이 걸렸다. 왕으로 기름 부음을 받았다고 해서 즉시 보위에 올라 이스라엘을 통치한 것은 아니었다. 왕좌에 오르기는커녕 오히려 그때부터 그의 인생은 꼬이기 시작했다. 사울은 느닷없이 다윗을 향해 창을 던져댔고, 다윗은 거친 광야에서 사냥감처럼 쫓기며 불안한 삶을 살아야 했다. 그렇게 다윗은 광야에서 오랜 세월을 인내하며 기다려야 했다. 사울을 제거하고 속히 왕좌를 차지할 수 있는 기회도 여러 번 있었다. 그러나 그는 사울을 보호함으로 고결함을 잃지 않았다. 야수로 변할 수 있는 상황에서도 무너지지 않고 하나님의 시간을 기다렸다.

그렇다고 마냥 기다리기만 한 것은 아니었다. 그일라 거민이 블레셋의 공격으로 곤경에 빠졌을 때는 자신을 뒤쫓는 사울에게 노출될 위험을 무릅쓰고 그들을 구출하였다(삼상 23:1-5). 게다가 사울이 지배하는 세상에서 상처받은 이들, 억울하게 빚진 이들, 분하고 원통한 일을 당한 이들이 그에게로 몰려왔다(삼상 22:1-2). 제 몸 하나도 건사하기 벅찼지만 다윗은 자신에게 도피해 온 600명 넘는 사람들과 가진 것을 함께 나누는 헤세드의 공동체로, 사람들을 지키는 왕의 군대로 그들을 변모시켜 놓았다. 요컨대 그는 왕이 되기 전, 광야에서 쫓길 때부터 이미 왕으로 살고 있었던 것이다.

광야에서의 다윗은 보좌에 오르지 못한 미완의 왕이자 쫓겨 다니는 사냥감 신세였지만 이미 왕처럼 살고 있었다. 풀 한 포기 자라기 어려운 척박한 땅에서 그는 왕다운 왕으로 성장했고 진정한 왕으로서의 인생을 살았다. 앞으로 살펴보겠지만 그가 가장 왕다웠을 때는 보좌를 차지하고 난 후가 아니라 오히려 광야에서 미완의 왕으로 지내던 시절이었다. 다윗의 삶을 보면 소명이란 '무엇이 되는 것'이 아니라, '무엇으로 사는 것'이라는 사실을 알 수 있다.

사도들은 우리가 주님과 함께 영원토록 왕 노릇 할 것이라고 말했다(롬 5:17, 딤후 2:12, 계 5:10, 22:5). 사도들에 따르면 주님과 함께 왕 노릇 할 그날은 예수 그리스도와 함께 '이미' 시작되었고, 완전한 그날은 '아직' 오지 않았다. 익히 알고 있듯이 우리는 '이미'와 '아직' 사이의 '남겨진 시간'을 살고 있는 것이다.

그리스도인은 예수 그리스도 안에서 '이미' 도래한 하나님 나라를 살고, '아직' 오지 않은 하나님 나라를 섬기는 왕들이다. 하나님이 우리를 그리스도 안에서 왕 노릇 하라고 부르셨기 때문이다. 다윗이 '아직' 보좌에 오르지 못한 왕이었으나 그날을 기다리며 광야에서 '이미' 왕의 삶을 살아 낸 것처럼, 우리도 지금 여기 광야 같은 세상에서 왕의 삶을 살아 내야 한다.

주님과 함께 다스리게 될 그날은 언제 올지 알 수 없다(막 13:32). 그날에야 비로소 우리는 우리를 향하신 하나님의 목적이 완성되는 것을 보게 될 것이다. 보좌에 오르지 못한 광야에서부터 왕으로 살았던 다윗처럼 우리도 광야와 같은 '이미와 아직 사이'의 남겨진 시간 속에서 왕 같은 삶을 살아 내야 한다.

성경을 통해 다윗이 이스라엘의 왕이 되어 감당해야 할 소명을 살펴보면, 세 가지 정도로 요약할 수 있다. 첫째, 하나님의 통치를 받는 하나님의 백성이 되는 것, 둘째, 하나님의 뜻이 이루어지는 하나님 나라의 공동체를 세우는 것, 셋째, 하나님 나라의 선교에 참여하는 것이다.

하나님의 백성을 다스리는 이스라엘의 왕은 하나님의 대리 통치자다. 그의 사명은 하나님이 통치하시는 하나님 나라를 세상에 세우는 것이다. 세상의 왕은 자신의 왕국을 세우고 백성 위에 군림하지만, 하나님이 세우신 왕은 하나님의 뜻이 실현되는 하나님 나라를 세우고 그 백성을 섬긴다.

왕으로서 다윗의 소명과 그리스도인의 소명은 다르지 않다. 성경이 말하는 왕 노릇이란 결국 하나님의 뜻을 실현하는 삶을 사는 것이기 때문이다. 이제 이미와 아직 사이의 시간 속에서 왕 노릇 하며 사는 삶이 무엇인지 살펴보도록 하자.

하나님의 백성이 되라는 부르심

다윗은 자신이 먼저 하나님 나라로 들어가 하나님의 통치에 순종하는 하나님의 백성이 되어야 했다. 하나님의 백성이 된다는 것은 하나님의 통치를 받는 백성이 되는 것을 의미한다. 사울은 이 첫 번째 조건에서 탈락했다. 사울은 처음에 왕이 되었을 때는 겸손했으나, 결국 탐욕과 타인의 압력을 이겨 내지 못했다. 그는 자신에게 주어진 권력과 자원으로 세상 제국들과 다를 바 없는 나라를 세웠다. 하나님이 사울을 폐하신 이유는 그가 하나님의 뜻에 순종하지 않고 자신의 욕망을 위해 자신에게 주어진 자원과 권력을 남용했기 때문이다.

'소명'(召命)이라고 번역된 헬라어 동사 '칼레오'는 말 그대로 '부르다'라는 뜻이다. 하나님은 자신의 백성을 하나님의 통치를 받는 백성이 되라고 부르신다. 하나님이 다윗에게 기름을 부어 왕으로 세우시고 성령을 부어 주신 이유는 이스라엘을 하나님의 뜻대로 통치하시기 위함이었다. 여호와의 도를 따라 다스리는 나라, 그리하여 하나님의 정의와 공의를 실현하는 나라를 세우는 것이 이스라엘 왕의 소명이었다.

그러므로 이스라엘의 왕으로 세워진 사람은 그가 먼저 하나님의 통치를 받는 백성이 되어야 했다. 왕으로 오신 예수님이 공생애를 시작하시면서 요한을 통해 세례를 받으신 이유도 바로 이 때문이다. 예수님은 자신을 하나님의 백성과 동일시하려 하신 것이다. 하나님 나라의 왕이 되기 위해서는 먼저 하나님의 뜻에 순종하는 백성이어야 했던 것이다.

세상에서 탈주하라

하나님의 통치를 받는 하나님의 백성이 되기 위해서는 먼저 세상에서 나와야 한다. 아브라함은 하나님의 부르심에 응답하기 위해 바벨론이 지배하는 세상을 떠나야 했다. "너는, 네가 살고 있는 땅과, 네가 난 곳과, 너의 아버지의 집을 떠나서, 내가 보여 주는 땅으로 가거라"(창 12:1). 아브라함은 하나님이 통치하시는 하나님의 백성이 되기 위해 갈대아 우르를 떠나 가나안 땅으로 가라는 하나님의 소명에 순종한다.

하나님이 아브라함을 바벨론에서 불러내시는 이유는 그로 하여금 큰 민족을 이루어 땅에 사는 모든 민족을 위한 복의 근원이 되게 하시려는 것이다. "내가 너로 큰 민족이 되게 하고, 너에게 복을 주어서, 네가 크게 이름을 떨치게 하겠다. 너는 복의 근원이 될 것이다"(창 12:2).

아브라함은 하나님이 지시하는 땅에서 여호와의 도를 지키는 정의와 공의의 나라를 세우라는 하나님의 명령에 순종하여 우상과 신화, 그리고 강제 노동이 지배하는 바벨론을 떠난다. "내가 그로 그 자식과 권속에게 명하여 여호와의 도를 지켜 의와 공도를 행하게 하려고 그를 택하였[다]"(창 18:19, 개역개정)는 하나님의 뜻과 비전에 순종하여 바벨론을 떠난다.

이제 아브라함에게는 빈곤을 감춘 도시의 화려함과, 억압과 착취의 채찍으로 누리는 풍요로운 삶이 더는 매력적이지 않다. 양 떼를 몰고 산 위에 올라 자신이 떠나온 옛 세상을 연민의 눈으로 바라

본다. 하나님이 주실 땅에 세워질, 정의와 사랑이 넘실거릴 하나님 나라를 멀리서 바라보며 꿈을 꾼다.¹

하나님의 나라에 속하라

바벨론을 떠나 하나님의 백성이 되라는 부르심이 의미하는 바는 소명의 문제가 근본적으로 소속의 변경임을 보여 준다. 하나님의 부르심은 바벨론에서 하나님 나라로, 세상에서 하나님 나라의 공동체로 근본적인 소속의 변화를 요청한다.

소속을 바꾸라는 하나님의 부르심은 자연스럽게 목적의 변화로 이어진다. 하나님이 이스라엘을 이집트에서 불러내신 목적은 그들을 하나님의 제사장 나라로 삼으시기 위해서다. "너희의 나라는 나를 섬기는 제사장 나라가 되고, 너희는 거룩한 민족이 될 것이다"(출 19:6). 우리는 하나님의 거룩한 제사장 나라가 되어 모든 나라와 민족을 하나님께로 이끄는 거룩한 백성이 되기 위해 부름받았다.

하나님은 자신의 백성을 준비시키기 위해 광야로 보내신다. 광야는 새로운 것이 창조되는 장소다. 출애굽 시대에는 낮고 천한 이들로 구성된 하비루²들이 광야로 나와 하나님이 다스리는 나라인 이스라엘이 되었다. 예수님은 메시아로서의 사역을 시작하기 전 40일 동안 금식하시며 광야에 머무셨다. 예수님의 광야 40일은 하나님의 새로운 백성을 부르셔서 하나님 나라로 세우기 위한 준비 기간이었다.

하나님은 다윗도 광야로 보내셨다. 하나님이 다윗을 왕으로 세우시고 광야로 보내신 이유는 그곳에서 다윗을 하나님 나라의 새로운 질서를 창조할 왕으로 빚으시기 위해서다. 하나님만 의지하는 왕, 하나님만 예배하는 왕, 악조건 속에서도 하나님의 뜻을 행하는 왕으로 다윗을 광야에서 훈련하신다. 다윗은 광야에서 세상을 벗고 하나님으로 옷 입는 법을 배운다.

사울은 세상을 떠나지 못해 실패했다. 하나님은 탐욕과 폭력으로 형성된 세상을 떠나 하나님의 정의의 나라를 세우라고 사울을 부르셨다. 그러나 그는 오히려 이스라엘을 세상과 다름없는 나라로 타락시켰다. 아말렉을 진멸하라는 하나님의 명을 탐욕 때문에 거역했고, 자기 자리를 보전하기 위해 충성스러운 다윗을 죽이려 했다.

우리를 향한 하나님의 소명은 세상을 떠나 하나님의 통치를 따르는 하나님의 백성이 되라는 부르심이다. 탐욕과 폭력에 찌든 세상을 떠나라. 하나님 나라로 들어와 하나님의 백성이 되라. 하나님의 백성이 되어 하나님의 정의와 공의를 실현하는 나라를 이루고 여호와 하나님의 영광을 온 세계에 비추라.

지금 여기에서 하나님 나라를 살라

그러면 우리는 어떻게 세상을 떠나 하나님 나라를 살아갈 수 있을까? 직장을 박차고 나와 성도들끼리 농사라도 지으며 함께 살아야 할까? 하나님이 그러한 삶으로 부르시는 사람들도 있다. 부르더호프 공동체나 아미쉬 공동체, 우리나라의 민들레 공동체 같은 곳을 살펴보라. 그들은 개인주의적이고 탐욕적인 자본주의에 저항하여 함께 일하고 함께 나누는 공동체를 세웠다. 허나 모두가 그렇게 살아야 하는 것은 아니다.

고린도 교회의 성도들도 같은 고민을 했다. 하나님의 백성이 되었으면, 이제 할례를 받고 유대인이 되어야 하는 것 아닌가? 노예는 세상 주인을 섬겨야 하는데, 그리스도인이 된 노예는 그리스도를 섬기기 위해 그 주인을 떠나야 하는가? 그렇지 않다. 바울은 그들이 있는 바로 그 삶의 자리, 지금 여기에서 하나님의 통치 아래 살아갈 수 있다고 말한다.

주님 안에서 노예로서 부르심을 받은 사람은 주님께 속한 자유인입니다. 그와 같이 자유인으로서 부르심을 받은 사람은 그리스도의 노예입니다. 여러분은 하나님께서 값을 치르고 사신 사람입니다. 그러므로 사람의 노예가 되지 마십시오. 형제자매 여러분, 각각 부르심을 받은 그때의 처지에 그대로 있으면서 하나님과 함께 살아가십시오(고전 7:22-24).

우리는 떠나지 않고도, 떠날 수 있다. 그리스도인은 지금 여기에서, 즉 노예 또는 자유인으로 사람을 구분하고 차별하던 옛 세상의 질서에서 하나님 나라의 새로운 질서 속으로 탈주하는 사람이다. 그리스도인은 옛 질서에 따라 자신을 사람의 주인이나 노예로 여기는 것이 아니라, 하나님 나라의 새로운 질서 속에서 부여받은 새로운 정체성, 즉 그리스도의 종이라는 새로운 신분으로 하나님과 함께 살아간다. 동일한 일자리, 동일한 사람을 섬기지만 우리는 세상의 질서가 아닌 다른 질서, 하나님이 왕이 되시는 하나님 나라의 새로운 질서 속에서 새로운 정체성을 따라 살아갈 수 있는 것이다.

아브라함과 달리 오늘날의 많은 그리스도인은 세상을 떠나지 않은 채 소명을 찾는다. 삶은 여전히 세상에 뿌리 깊게 박혀 있다. 그들의 근원적인 공동체는 하나님 나라가 아니다. 직장이거나 세상이다. 그들에게 가장 중요한 것은 세상에서의 평판과 지위, 성공으로 보인다. 이것이 바로 오스 기니스가 말한 "소명의 개신교적 왜곡"이다.[3] 소명이 세속화되었다. 하나님 나라와 관련 없는 소명 찾기는 결국 진로 탐색과 다를 바 없어진다.

언제부터인가 소명을 발견하는 일과 직업을 찾는 일이 같아져 버렸다. 자신의 적성에 맞고 좋아하는 직업을 갖는 것이 마치 소명을 발견하는 일인 양 믿고 있다. 허나, 직업으로 국한하기에 소명은 매우 크다. 루터는 직업 자체가 소명이라기보다는 직업의 자리에서 우리가 행하는 일이 소명과 관련된다고 했다. 하나님은 우리를 아르바이트생이나 정규직, 취업 준비생이나 직장인으로 부르시지 않는다.

소명은 하나님 나라의 삶과 관계가 있다. 우리의 직업이 하나님 나라와 긴밀한 관계 속에서 파악되지 않는다면, 직업은 그냥 직업일 뿐이다. 스캇 맥나이트는 "우리가 하는 일을 이 세상을 향한 하나님 나라의 전망과 연결시킬 때, 직업은 소명이 되고 중요해진다"[4]고 했다. 비정규직이든 정규직이든, 취업 준비생이든 직장인이든, 우리가 무엇이든 간에 바로 그 자리, 지금 여기에서 하나님의 백성으로 하나님의 계명을 따라 정의와 사랑으로 살아가는 삶이 곧 우리의 소명이다. 지금 여기에서 하나님의 나라로 탈주하라!

하나님의 나라의 공동체를 세우라는 부르심

이스라엘의 왕 다윗은 자신에게 맡겨진 공동체를 하나님이 주신 계명에 따라 하나님이 통치하시는 나라로 세우라고 부름받는다. 이스라엘은 하나님을 떠난 인류가 세운 제국, 탐욕과 폭력이 지배하는 세상 제국에 대한 하나님의 대안이었다. 이스라엘 왕은 하나님의 백성이 하나님의 말씀을 따라 정의와 공의가 통치하는 공동체를 이루도록 해야 했다. 하나님은 그들이 하나님 나라의 공동체를 이룰 수 있도록 십계명을 돌판에 새겨 주셨다.

세상에서 하나님의 나라로 소속이 바뀐 이들에게 주어지는 소명은 하나님이 통치하시는 새로운 공동체로 세워지는 것이다. 하나님은 하나님 나라로 불러 모으신 사람들과 함께 하나님 나라를 세우신다.

하나님의 말씀으로 공동체를 세우라

다윗이 왕으로 부름받은 목적은 '사울 왕국'으로 전락해 버린 이스라엘을 '하나님 나라'로 회복하려 함이다. 이스라엘의 왕은 하나님의 대리 통치자로 부름받는다. 앞서 살펴보았듯이, 이스라엘의 왕은 이스라엘을 하나님의 뜻대로 통치함으로 그들을 부르신 하나님의 목적을 성취해야 한다. 여호와의 도를 지키는 나라가 되어 하나님의 정의와 공의가 실현되는 나라, 그리하여 만국 백성을 여호와 하나님께 이끄는, 온 세상을 위한 빛의 나라를 세워야 한다.

사울은 이 일에 실패한다. 그는 하나님 나라가 아닌 자신의 사욕을 채우기 위해 왕국을 건설한다. 이스라엘 왕의 가장 중요한 사명은 왕 자신이 하나님의 백성이 되어 하나님 말씀에 순종하고, 그 말씀을 따라 백성을 다스리는 것이다. 그러나 사울은 번번이 하나님의 명령을 무시한다. 사울은 하나님 나라가 아닌 자신의 왕국을 세운다. 하나님은 그런 사울을 폐하신다.

반면에 다윗은 하나님의 뜻을 묻는다. 유불리를 따지지 않고 하나님의 뜻을 행한다. 그리고 하나님의 뜻대로 이스라엘을 다스린다. 사무엘서는 다윗의 삶을 두고, 다윗이 왕이 되어 온 이스라엘을 다스릴 때 그는 언제나 자기의 백성 모두를 공평하고 의로운 법으로 다스렸다고 평가한다(삼하 8:15). 다윗은 이스라엘 공동체를 하나님의 질서로 세우려고 애썼다. 하나님의 통치는 하나님의 말씀을 통해 이루어진다. 다윗은 이스라엘을 하나님 말씀으로 형성하기 위해 노력했다.

다윗은 백성에게 시편을 지어 가르쳤다. 다윗이 지은 시편에는 여호와 하나님에 대한 개인적인 노래만 있는 것이 아니다. 다윗은 시편을 지어 백성들이 부르게 한다. 노래만큼 기억하기 좋은 도구가 또 있을까? 다윗은 백성들을 하나님의 백성으로 양육하기 위해 시편을 지어 부르게 한 것이다.

다윗이 지어 백성과 함께 부르게 한 시편에는 하나님의 백성에게 정의와 공의를 요구하시는 하나님(시 36편), 하나님이 창조하신 세계의 아름다움과 율법의 선함(시 19편), 구원이 되시는 하나님에 대한 소망(시 62편), 가난한 자를 보살피시는 하나님(시 14편), 악인의 길과 의인의 길(시 11편), 하나님의 공동체로 살아가는 기쁨(시 133편), 하나님을 예배하는 기쁨(시 122편), 회개와 용서의 기쁨(시 32편)과 같이 하나님의 백성이 걸어야 할 길에 대한 내용이 가득하다. 다윗은 시편으로 하나님이 어떤 분인지, 하나님의 백성이 어떠한 길을 걸어야 하는지를 가르친 것이다.

이새의 아들 다윗이 말한다. 높이 일으켜 세움을 받은 용사, 야곱의 하나님이 기름 부어 세우신 왕, 이스라엘에서 아름다운 시를 읊는 사람이 말한다. 주님의 영이 나를 통하여 말씀하시니, 그의 말씀이 나의 혀에 담겼다(삼하 23:1-2).

사울은 사람들을 두려워했을 때 타락했다. 다윗이 두려워 무고한 그를 죽이기 위해 추격한다. 전쟁에 지는 것이 두려워 사무엘이 오기도 전에 제사를 드림으로 하나님의 진노를 사고, 블레셋과의 임박한 전투가 두려워 무당을 찾아간다. 사울의 두려움은 그의 탐욕, 즉 그의 권력에 대한 탐욕과 연결되어 있었다. 그는 자신의 왕위를 빼앗길까 봐 두려웠다. 그의 부정한 욕망과 두려움이 하나님의 백성 이스라엘 공동체를 타락시켰다.

오늘날에도 비슷한 일들이 일어나고 있다. 일부 한국 교회는 하나님의 말씀이 아닌 것을 더 두려워한다. 거짓 선동에 휘둘리고, 사람들이 만들어 낸 공포로 불안에 떤다. 그동안 누려 온 기독교의 기득권을 빼앗길까 노심초사한다.

두려움은 폭력을 생산한다. 자신이 가진 기득권이 위협당한다고 느끼자 사울은 적이라고 착각한 다윗에게 창을 던지고, 다윗에게 먹을 것을 주었다는 이유로 아히멜렉과 놉의 제사장들을 학살한다. 같은 일이 한국 교회에서 벌어지고 있다. 적이라고 느껴지는 사람들을 향해 폭언과 모욕의 말을 퍼붓고, 혐오와 차별을 당연시한다. 그것은 사울의 길이다.

사울의 욕망과 두려움으로 타락한 이스라엘에게 노래를 지어 하나님의 길을 가르치고 다시 하나님의 나라로 회복시키기 위해 노력한 다윗처럼 우리도 길을 찾아야 한다. 다윗이 그랬듯이 두려움이 아니라 하나님 말씀이 교회를 지배하도록 하나님의 방법을 찾아야 한다.

정의와 공의를 실현하는 공동체를 세우라

다윗은 하나님이 맡기신 이스라엘을 하나님의 정의와 공의로 다스리길 원했다. 다음 시는 다윗이 마지막으로 남긴 말이다.

이스라엘의 하나님이 말씀하셨으며, 이스라엘의 반석께서 나에게 이르셨다. 모든 사람을 공의로 다스리는 왕은, 하나님을 두려워하면서 다스리는 왕은, 구름이 끼지 않은 아침에 떠오르는 맑은 아침 햇살과 같다고 하시고, 비가 온 뒤에 땅에서 새싹을 돋게 하는 햇빛과도 같다고 하셨다. 진실로 나의 왕실이 하나님 앞에서 그와 같지 아니한가?(삼하 23:3-5)

다윗의 이 마지막 말은 그가 일생 동안 이스라엘을 어떤 나라로 세우려 했는지를 보여 준다. 그는 하나님을 두려워하는 나라, 그리하여 하나님의 공의가 실현되는 나라를 세우는 것을 필생의 과제로 삼았다.

하나님은 아브라함과 그의 후손들을 통해 강대한 나라를 세우기 위해 자신의 백성을 부르셨다. 그 나라는 천하 만민에게 복이 될 것이다. 여기까지는 많은 사람이 알고 있다. 그런데 하나님이 주시는 복은 알지만, 그 복이 어떻게 실현되는지 알지 못하는 그리스도인이 많다. 복이 되려면, 여호와의 도를 지켜 하나님의 정의와 공의를 행하는 백성이 되어야 한다(창 18:18-19).

하나님이 우리를 부르신 이유는 정의와 공의를 행하는 백성이 되게 하여 온 세상을 위한 복의 통로로 삼으시려 함이다. 정의와 공의는 하나님 백성의 표지다. 이는 기독교 신앙의 본질이다. 한국 교회에서 신앙이 좋다는 것은 기도를 많이 하고, 예배와 교회 행사에 열심히 참여하는 것을 의미한다. 물론 상관관계가 없지는 않다. 그러나 금식하고, 십일조를 바치고, 많은 예배에 참석하는 우리의 삶이 정의와 공의로 연결되지 않을 때, 하나님은 진노하신다.

이사야 선지자는 말한다. "내가 기뻐하는 금식은, 부당한 결박을 풀어 주는 것, 멍에의 줄을 끌러 주는 것, 압제받는 사람을 놓아 주는 것, 모든 멍에를 꺾어 버리는 것, 바로 이런 것들이 아니냐?"(사 58:6) 즉 진정한 신앙생활이란 공의를 실천하는 삶이라는 것이다.

또 아모스 선지자의 입을 빌려 하나님이 말씀하신다. "너희는 베델로 몰려가서 죄를 지어라. 길갈로 들어가서 더욱더 죄를 지어라. 아침마다 희생 제물을 바치고, 사흘마다 십일조를 바쳐 보아라. …… 바로 이런 것들이 너희가 좋아하는 것이 아니냐?"(암 4:4-5) 예배를 드리고, 제물을 바치며, 십일조를 바치는 일, 그것은 하나님이 원하시는 것이 아니라 그들이 원하고 좋아하는 것이다. 하나님은 그런 그들에게 "너희는, 다만 공의가 물처럼 흐르게 하고, 정의가 마르지 않는 강처럼 흐르게 하여라"(암 5:24)라고 말씀하신다.

하나님이 이스라엘 백성을 바벨론에 포로로 잡혀가게 하신 이유는 그들이 예배나 헌금, 기도 생활 등 개인적인 신앙생활을 게을리해서가 아니다. 그들이 하나님의 심판을 받은 것은 정의와 공의를 저버렸기 때문이다. 그들이 "악한 것을 선하다고 하고 선한 것을 악하다"고 하며, "어둠을 빛이라고 하고 빛을 어둠이라고 하며, 쓴 것을 달다고 하고 단 것을 쓰다"고 했기 때문이다(사 5:20). "그들에게 정의를 바라셨더니 도리어 포학이요 그들에게 공의를 바라셨더니 도리어 부르짖음"이었기 때문이다(사 5:7, 개역개정). 하나님은 그들의 울타리를 걷어 먹힘을 당하게 하시고, 그 담을 헐어 짓밟히게 하신다(사 5:5 참조, 개역개정).

그리스도인들이 성경을 읽고 기도하며, 영성 일기를 쓰고 성경을 필사하는 이유가 무엇인가? 바로 하나님의 정의와 공의가 실현되는 교회를 세우기 위함이다. 교회는 정의와 공의를 위한 최후의 보루요, 이 세상에 정의와 공의를 세우기 위한 하나님의 전초 기지이며, 하나님의 나라가 어떻게 정의롭고 공의로운 나라인지를 보여 주어야 하는 "하나님 나라의 식민지"[5]인 것이다.

여호와 하나님을 믿는 신앙이란 여호와 하나님이 원하시는 정의와 공의를 살아 내는 삶, 즉 하나님의 나라를 사는 삶이다. 교회가 공의와 정의의 공동체를 이룰 때, 비로소 세상을 향한 복의 통로가 될 수 있다.

교회는 개인 경건에 힘쓰는 만큼 하나님의 정의와 공의를 실현하는 공동체가 되기 위해 노력해야 한다. 하나님이 우리를 부르신 이유가 바로 그것, 정의와 공의를 행하는 백성이 되게 하려 하심이기 때문이다. 그리스도인들의 예배와 훈련이 하나님의 진리를 따라 정의롭고 공의로운 교회를 세우지 못하고 있다면, 교회가 행하는 모든 활동을 재고해 보아야만 할 것이다.

오늘날의 교회는 정의와 공의가 실현되는 공동체가 되고 있는가? 교회는 가난한 사람, 이방인, 과부, 고아, 세상에서 힘없는 약한 사람들을 어떻게 돌보고 있는가? 사울이 지배하는 이스라엘을 하나님의 정의와 공의가 실현되는 하나님 나라의 공동체로 회복하는 것이 다윗의 소명이었다면, 오늘날 우리가 감당해야 할 책임은 무엇이겠는가? 우리는 어떻게 하나님이 그토록 원하시는 정의와 공의가 실현되는 교회 공동체를 세울 수 있을까?

서로 사랑하는 공동체를 세우라

옛적에 아브라함은 짐승의 피로 하나님과 언약을 맺고, 하나님의 백성이 되기로 했다. 하나님은 아브라함의 후손들에게 십계명을 주어 하나님의 백성답게 살아가도록 하셨다. 예수님은 하나님의 백성에게 주어진 계명을 '하나님 사랑'과 '이웃 사랑'으로 요약하셨다. 그러나 옛 이스라엘은 육신의 연약함 때문에 하나님의 뜻대로 살아가지 못했다.

그들을 위해 하나님은 '새 언약'을 맺을 것을 말씀하신다. 하나님이 그들의 죄를 씻어 주시고 성령을 보내 주셔서 그들이 하나님 말씀대로 살아갈 수 있도록 돕겠다고 약속하신다. "그때가 오면, 내가 이스라엘 가문과 유다 가문에 새 언약을 세우겠다. 나 주의 말이다"(렘 31:31). 그 새 언약의 내용은 이렇다. "나는 나의 율법을 그들의 가슴속에 넣어 주며, 그들의 마음 판에 새겨 기록하여, 나는 그들의 하나님이 되고, 그들은 나의 백성이 될 것이다. 나 주의 말이다"(렘 31:33).

예수님은 새 언약을 성취하기 위해 오신 메시아시다. 예수님은 제자들과 최후의 만찬을 가지면서 잔을 들어 "이 잔은 너희를 위하여 흘리는 내 피로 세우는 새 언약이다"(눅 22:20)라고 말씀하셨다. 메시아 예수님은 이제 자신의 피로 새 언약을 세우신다. 예수님을 믿는다는 것은 우리가 예수님과 언약을 맺고 예수님이 세우시는 하나님 나라의 새로운 백성이 되기로 하는 것이다.

하나님이 이스라엘 백성에게 십계명을 주신 것처럼, 예수님은 믿음으로 하나님의 새로운 백성이 된 우리에게 새 계명을 주신다. 옛적 이스라엘의 조상들이 짐승의 피로 언약을 맺고 하나님의 백성이 되기로 했다면, 그리스도인은 무려, 예수 그리스도의 피로 하나님과 새로운 언약을 맺는다. "내 계명은 이것이다. 내가 너희를 사랑한 것과 같이, 너희도 서로 사랑하여라"(요 15:12)라는 예수님의 계명을 따라 서로 사랑하는 하나님 나라의 새로운 백성이 되기로 하는 것이다.

우리가 받은 소명은 우리를 위해 죽으신 예수 그리스도처럼 서로 사랑하는 공동체인 교회가 되는 것이다. 교회는 그리스도의 몸이다. 그리스도의 몸은 왕이신 예수님이 통치하시는 새로운 사회요, 하나님이 만드시는 새 피조물이며, 세상 나라들을 대체할 새로운 나라다. 그리스도의 통치를 따라 모든 지체가 연합하고 연결되어 사랑으로 하나 되는 나라다. 하나님이 원하시는 정의와 공의가 이루어지는 사랑의 나라다.

그리스도인의 소명은 탐욕과 폭력이 지배하는 세상을 물리치고, 하나님이 원하시는 사랑과 평화의 공동체를 창조하는 것이다. 그 공동체가 바로 그리스도가 머리 되시는 몸으로서의 새로운 사회, 즉 참된 교회다. 교회는 하나님이 우리에게 베푸시는 복의 근원이다. 사도 바울이 말한 대로 "사랑 속에 뿌리를 박고 터를 잡아서, 모든 성도와 함께 그리스도의 사랑의 너비와 길이와 높이와 깊이"(엡 3:17-18)를 깨닫게 되어 그리스도의 사랑을 알게 되면, 우리는 하나님의 충만으로 충만하게 된다. 이러한 교회를 세우고, 이러한 교회가 되는 것이 그리스도인의 진짜 소명이다.

불가능해 보이는가? 하나님은 우리가 홀로 이 일을 하게 내버려두지 않으신다. 이 새로운 나라를 살아갈 수 있도록 하나님은 성령을 부어 주신다(겔 36:26-27). 성령의 도우심과 능력으로 우리는 하나님의 백성이 되고 하나님은 우리의 하나님이 되시는, 하나님의 나라를 세우는 삶이 가능해진다(겔 36:28). 교회는 성령으로 말미암아 그리스도의 계명을 따라 서로 사랑하는 하나님 나라의 공동체를 이룰 수 있다.

또한 성령님은 교회가 하나님의 나라로 살아갈 수 있도록 은사를 베풀어 주신다. 성령님이 우리 각 사람에게 베풀어 주시는 은사로 우리 각자는 교회를 세우는 지체로 참여한다. 우리는 각기 사도로, 예언자로, 가르치는 자로, 치유하는 자로, 상담자로, 행정가로, 구제하는 자로, 섬기는 자로, 예술가로, 지혜를 베푸는 자로, 지식을 전달하는 자로, 각자의 역할로 공동체를 세우는 일에 참여한다.

사도 바울은 우리에게 주어지는 은사가 전쟁에서 승리한 사람들에게 나누어지는 전리품과 같다고 했다(엡 4:7-8). 즉 성령님은 은사를 각 사람에게 부어 주셔서 어둠이 지배하는 땅에 빛의 나라를 세우심으로 승리하신다. 그리고 성령님이 교회에 부어 주시는 최고의 은사는 사랑이다(고전 12:27-13:13).

은사로 주어지는 각 사람의 역할은 말 그대로 공동체를 위한 하나님의 선물이다. 세상에서의 지위와 역할은 사람들을 구분하여 서열을 매겨 차별하고, 지배자와 피지배자로 나눈다. 사람들은 지위에 따라 중요한 사람과 그렇지 않은 사람으로 나뉜다. 갑질이 횡행하고 피해자들이 생겨난다. 그러나 하나님이 창조하시는 새로운 세계인 그리스도의 나라에서는 서로가 서로에게 선물이 된다. 나는 너를 위한 선물이 되고, 너는 나를 위한 선물이 된다. 우리는 은사에 따라 서로를 섬김으로 서로에게 은혜의 선물이 된다. 성령이 각 사람에게 부어 주시는 은사를 통해 우리는 하나님 나라 공동체인 교회를 세운다.

교회는 하나님이 창조하시는 새 피조물, 예수님이 왕이 되셔서 다스리시는 그리스도의 몸, 성령으로 난 새로운 공동체다. 그리스도인의 소명은 교회가 되는 것이다.

하나님 나라의 선교에 참여하라는 부르심

하나님의 백성이 되는 일은 하나님과의 조약에 서명하는 것과 같다. 이 조약에 서명한다는 것은 곧 하나님의 백성이 되어 하나님의 목적에 참여하는 백성이 되는 것을 의미한다. '선교'라고 번역되는 영어 단어 'mission'(미션)은 원래 '목적', '임무' 등을 뜻한다. 하나님은 우리를 불러 하나님의 미션으로 초대하신다. 그것은 하나님의 정의와 공의 통치를 실현함으로, 온 세상을 위한 빛의 나라가 되어 열방을 하나님께로, 하나님의 나라로 이끄는 것이다.

빛이 되라

하나님 나라의 선교는 하나님 나라의 백성이 정의와 공의를 실현하여 하나님의 영광의 빛을 온 세상에 비추는 것이다. 그 빛은 세계의 모든 민족과 열방을 이끌어 들인다. 우상을 섬기며 탐욕과 폭력의 지배 속에 살던 사람들이 이 빛을 따라 하나님께로 나아와 하나님의 백성이 된다.

이사야는 하나님이 이스라엘 백성을 뭇 민족의 빛으로 삼았다고 외쳤다. 그들의 사명은 온 세상을 위한 빛이 되어 열방에 여호와의 영광을 드러내는 것이다. 우리가 온 세상에 비추어야 하는 빛은 공동체의 삶으로부터 비춰진다. 이사야는 하나님이 언젠가 성령을 부어 주셔서 정의와 공의가 그들의 땅에 거하게 하실 것이라고 말했다. 정의와 공의는 아름다운 열매를 맺게 되는데, 그 열매는 평화와 안전이다.

> 그때에는, 광야에 공평이 자리 잡고, 기름진 땅에 의가 머물 것이다. 의의 열매는 평화요, 의의 결실은 영원한 평안과 안전이다 (사 32:16-17).

그때에 이스라엘은 시냇가의 버들처럼, 풀처럼 풍성해질 것인데, 하나님을 알지 못하던 민족들이 하나님께 돌아와 "나는 주님의 것입니다"라고 말하기도 하고, "나는 주님의 것"이라고 팔에 새기기도 하며, 자기 이름을 야곱이라 칭하기도 하고, 이스라엘 사람이라 불리는 것을 영광으로 여기는 놀라운 일이 일어날 것이라고 했다(사 44:4-5).

예수님도 제자들에게 너희는 세상의 빛이라고 하시며 그 빛을 온 세상에 비추라고 말씀하셨다(마 5:14). 예수님의 산상수훈은 하나님 나라의 새로운 질서를 따라 살아가야 할 교회에 주신 말씀이다. 공동체로서 예수님의 가르침을 따라 살아갈 때, 교회는 세상에 빛을 비추는 산 위의 동네가 되어 어둠 속에 살고 있는 산 아래 주민들을 인도하게 될 것이다.

그리스도인으로서 우리의 소명은 우리가 속한 공동체를 정의와 공의가 실현되는 빛의 나라로 세우는 것이다. 초대 교회는 메시아 예수님의 가르침을 따라 서로가 가진 것을 나누었다. 가난한 사람들을 돌보았고, 노예를 형제로 받아들였으며, 남자와 여자, 부자와 가난한 자가 없는 평화의 공동체를 세웠다. 그 결과 허다한 무리가 그들이 비추는 빛에 이끌려 하나님 나라의 백성이 되었다.

종이 되라

주님은 이스라엘을 향해 나의 종이라 부르신다. 그들을 하나님의 종으로 부르신 목적은 그들이 하나님의 영광을 나타내게 하시기 위함이다.

> 이스라엘아, 너는 내 종이다. 네가 내 영광을 나타낼 것이다(사 49:3).

한편, 여호와의 종은 이스라엘의 메시아를 말하기도 한다. 이 종은 이스라엘의 메시아로서 이스라엘의 사명을 수행한다. 이스라엘의 왕은 그런 의미에서 이스라엘이 자신의 사명을 감당할 수 있도록 섬기는 자라고 볼 수 있다. 왕의 사명은 하나님 나라의 백성이 여호와의 종의 사역을 감당하게 하는 것이다.

여호와의 종들의 소명은 하나님에게서 멀리 떠난 하나님의 백성을 그분께 돌아오게 하는 것이다. 여호와의 종은 사람들의 마음을 하나님께 돌이켜 그들이 하나님의 정의와 공의를 이루는 삶을 살 수 있도록 온 힘을 다해 가르친다. 그들은 이 일을 하느라 사람들에게 고난을 당한다. 혐오와 멸시를 당하고, 백성에게는 미움을 받고, 권력자들의 노예가 된다(사 49:7). 그러나 그들은 포기하지 않고 사람들이 하나님께 돌아올 길을 만든다. 돌을 주워 내는 수고를 하고, 산을 깎아 내는 노역을 마다하지 않으며, 골짜기를 돋우어 그들이 올 길을 예비한다.

오늘날에도 여호와의 종으로서 의로운 그리스도인이 행할 소명은 세상에 포로 된 하나님의 백성을 하나님께 돌이키는 일이다. 이 일은 '학자', 즉 여호와 하나님께 배우는 자로서 여호와 하나님의 '제자' 된 이들의 사역이다. 하나님은 이들에게 곤고한 자들을 일으킬 수 있는 '혀'를 주셔서 약해진 하나님의 백성을 일으켜 세우신다. 그들은 하나님의 백성들 사이에서 죄인 취급당하고, 수염을 뽑히고, 모욕과 침 뱉음을 당하지만 하나님의 도우심으로 이겨 낸다.

주 하나님께서 나를 도우시니, 그들이 나를 모욕하여도 마음 상하지 않았고, 오히려 내가 각오하고 모든 어려움을 견디어 냈다 (사 50:7).

여호와의 종의 또 다른 사명은 바로 이방에 정의를 실현하는 것이다. 여호와의 종은 하나님의 백성과 함께 세상에도 공의를 세우기 위해 포기하지 않고 일하는 자들이다.

그가 뭇 민족에게 공의를 베풀 것이다(사 42:1b).

그는 쇠하지 않으며, 낙담하지 않으며, 끝내 세상에 공의를 세울 것이니, 먼 나라에서도 그의 가르침을 받기를 간절히 기다릴 것이다(사 42:4).

여호와의 종으로서 하나님 백성의 소명은 온 세상에 정의와 공의를 세우는 것이다. 정의는 '미슈파트'로서 사회 제도를 정의롭게 세우는 것을 의미한다. 법과 제도 속에 정의를 구현하고 지키는 것이다. 공의는 '체다카'로 의로운 행동을 말한다. 공의를 행하는 그리스도인은 가난한 자들에게 희년을 선포하고, 마음이 상한 자를 고치고, 포로 된 자에게 자유를 주고, 갇힌 자를 풀어 주는 왕의 사역에 동참한다.

그분은 상한 갈대를 꺾지 않고, 꺼져 가는 등불을 끄지 않는다. 그분은 죽어 가는 하나님의 백성들의 현실을 보고 희망을 꺾지 않는다. 오히려 진리로 공의를 세상에 베푼다. 마침내 그 하나님의 백성은 온 세상에 공의를 세우고야 마는데 하나님이 그들과 함께하시기 때문이다. 하나님이 그들의 입을 무기로 만드시고, 그들의 혀를 학자의 혀가 되게 하셨다. 요컨대, 우리의 무기는 바로 진리다. 진리의 말씀을 전파하고 가르침으로 이방의 빛이 되어 눈먼 사람의 눈을 뜨게 하고, 거짓의 감옥에 갇힌 자들을 해방시키며, 탐욕의 포로 된 자들을 풀어 줄 것이다.

건설하라

여호와의 종들의 또 다른 사명은 하나님이 통치하시는 도시를 세우는 것이다. 하나님은 가난하지만 신실하게 하나님 나라를 섬기는 자, 정의가 없어 마음이 상한 자, 하나님 나라를 위해 살다가 갇히고 박해받는 자들을 불러 하나님 나라의 소망을 주신다. 하나님은 그들을 의의 나무가 되게 하셔서 하나님의 영광을 나타내게 하신다.

그리하여 사람들은 그들을 가리켜, 의의 나무, 주님께서 스스로 영광을 나타내시려고 손수 심으신 나무라고 부른다(사 61:3).

의의 나무가 맺어야 할 열매는 바로 하나님의 심판으로 오래전 폐허가 된 도시를 재건하며, 무너진 곳을 일으키고, 파괴된 곳을 고치는 것이다. 황폐하고 무너진 땅에 하나님이 다스리시는 도시를 건설하는 것이다.

그들은 오래전에 황폐해진 곳을 쌓으며, 오랫동안 무너져 있던 곳도 세울 것이다. 황폐한 성읍들을 새로 세우며, 대대로 무너진 채로 버려져 있던 곳을 다시 세울 것이다(사 61:4).

예수님은 이사야의 예언을 근거로 제자들에게 "너희가 나를 택한 것이 아니라, 내가 너희를 택하여 세운 것이다"라고 말씀하셨다. 또한 예수님은 제자들을 선택하신 이유가 "가서 열매를 맺어, 그 열매가 언제나 남아 있게 하려는 것"이라고 말씀하셨다(요 15:16). 그리스도인이 가서 맺어야 할 열매는 무엇인가? 이사야 5장은 이스라엘을 포도원이요, 포도나무라고 부른다. 하나님은 좋은 열매를 보기 원하셔서 그들을 위해 할 수 있는 모든 일을 다 하시지만, 그들은 하나님이 원하시는 열매를 맺지 못한다. 하나님은 그들이 정의와 공의의 열매를 맺길 바라셨지만, 그들의 도시에는 살육과 희생된 사람들의 울부짖음만이 가득하다(사 5:1-7). 하나님은 그 도시를 황폐하게 하시고 그들을 그 땅에서 쫓아내시고는 포로로 잡혀가게 하신다.

그리스도인의 소명은 예수님이 주신 새 계명을 따라 살아갈 사랑의 도시를 건설하는 일이다. 예수님이 제자들을 택하시고 부르신 이유는 그들을 보내서서 메시아의 왕국, 하나님이 통치하시는 하나님의 도성을 온 세상에 건설하게 하려 함이다. 그리스도인은 온 세상으로 흩어져 하나님 나라의 공동체를 세우는 사람들인 것이다.

예수님은 우리를 향해 천국의 자녀들이라고 말씀하셨다(마 13:38, 개역개정). 하나님은 그 나라의 자녀들을 세상에 뿌리신다. 천국의 자녀들이 뿌려진 곳에, 예수님의 계명을 따라 서로를 사랑하는 천국이 자란다. 천국이 자라는 곳에 정의와 공의가 열매를 맺는다. 하나님의 심판으로 폐허가 된 곳에 하나님의 도시가 건설된다. 바로 하나님이 통치하시는 공동체, 교회다.

이것이 우리를 부르신 이유다. 우리의 소명은 보냄받은 곳에서 천국의 씨앗이 되어 복음을 전하고, 사랑의 공동체를 세우고, 온 세상에 정의와 공의를 실현하기 위해 사는 것이다. 노예든, 자유인이든, 독신이든 기혼자든, 정규직이든 비정규직이든, 기간제 교사든 정식 교사든, 아르바이트생이든 대기업 직원이든, 우리가 누구든 무엇을 하든 우리는 하나님 나라의 종이 되어 살아갈 수 있다.

하나님의 뜻이 이루어지기를 기다리며

C. S. 루이스는 「나니아 연대기」에서 그리스도인들을 나니아를 다

스리는 왕들로 묘사했다. 숨바꼭질을 하다가 우연히 발견한 문을 통해 사남매는 나니아로 들어가게 된다. 그곳에서 그들은 아담의 계보를 잇는 인간 왕들을 기다리는 나니아의 피조물들을 만난다. 예언에 따르면 그들은 나니아의 왕이 되어 나니아를 꽁꽁 얼어붙게 만든 적들과 싸워 이기고 나니아의 피조물들을 해방시킬 것이다. 그러나 그 일은 아슬란이 와서야 이루어질 것이다. 그는 잠시 떠나 있다. 그가 다시 올 때까지 그들은 기다려야 한다.

사울이 지배하는 세상에서 다윗은 하나님의 약속과 소명을 붙들고 하나님의 나라를 살아야 했다. 하나님이 척박한 광야에서도 동일하게 통치하고 계심을 믿고 하나님의 뜻대로 살아야 했다. 언제 올지 알 수 없는 사람, 언제 이루어질지 예측할 수 없는 그런 일들은 사람을 참 많이 지치게 한다. 그럼에도 이루어지기를 간절히 바라며 기다려야만 하는 일들이 있다.

다윗은 왕이 되어 이스라엘을 하나님의 율례와 법도를 따르는 진리와 정의의 나라로 세우고 싶었을 것이다. 다윗은 광야를 살면서 오랫동안 기다려야 했다. 그러나 마냥 기다리며 살지는 않았다. 사울은 왕이었지만 왕처럼 살지 못했고, 다윗은 왕이 아니었지만 왕처럼 살았다. 그는 광야의 왕이었다.

다윗이 왕좌에 오르기를 기다리며 왕의 삶을 살아갔듯이, 하나님 나라가 완전히 오기까지 우리는 오래 기다려야 할지 모른다. 그러나 우리는 마냥 기다리기만 하지 않는다. 하나님이 다 이루실 것이기 때문에 아무것도 하지 않은 채 기다리는 것이 아니다. 하나님이 일어나 싸우신다. 그러므로 우리도 일어나 그분을 따라 싸워야 한다. 우리는 이 땅을 다스리는 왕이 되어 지금 여기서 하나님의 정의와 공의가 실현되는 공동체를 세우는 삶을 살아야 한다.

하나님이 다윗을 왕으로 세우신 궁극적인 이유는 이스라엘을 하나님의 정의와 공의로 다스려 평화와 번영의 복을 베푸시기 위함이다. 하나님은 다윗을 왕으로 삼으시고 그와 언약을 맺으신다. 다윗 언약의 내용은 하나님이 다윗의 왕위를 굳건하게 하셔서 그의 후손을 통해 하나님의 정의와 공의를 온 세상에 실현하신다는 것이다. 우리는 그 후손이 바로 예수 그리스도시라는 것을 안다.

다윗의 후손으로서 메시아의 통치는 세상에 '샬롬'을 도래케 한다. '샬롬'은 평화로 번역될 수 있는 단어지만, 이는 단순히 분쟁이 없는 상태를 말하는 것이 아니다. 샬롬은 하나님이 창조하시고 보시기에 좋았던 태초의 상태다. 샬롬이 이루어진 세계는 하나님의 창조 목적이 온전히 성취된 세계의 상태를 의미한다.

그 세계는 정의와 공의가 강물처럼 흐르고, 억압과 착취, 차별로 말미암는 눈물이 없으며, 서로가 서로를 자기 몸처럼 사랑하므로, 하나님이 인간에게 주고자 하신 번영과 풍요가 가득한 세계요, 참으로 안전한 세계다. 다윗을 왕으로 세우신 목적은 다윗의 후손인 메시아를 통해 성취된다. 그 목적은 온 세상을 하나님께로 이끌어 그 온 세상이 하나님의 정의와 공의를 따라 사는 샬롬의 세계가 되게 하는 것이다.

그리스도인은 메시아 예수를 따라 광야에 정의의 나무를 심고,

평화의 숲을 가꾸는 사람이다. 그가 가꾼 숲은 물 댄 동산 같고, 마르지 않는 샘이 끊임없이 솟아오른다. 그 숲에는 새들이 와서 깃들이고 가지에 앉아 지저귀며, 들짐승들이 와서 목을 축인다. 황폐하던 광야에는 사람들이 함께 모여 노래하고 사랑의 춤을 춘다. 그리스도인은 정의와 공의의 빛이 숲을 비추고, 평화와 풍요의 공기를 마음껏 들이마시며 사는, 그날에 이루어질 하나님 나라를 꿈꾼다. 그리스도인은 광야에서 꿈을 꾼다.

저항과 창조의 길,
우리는 광야에 서 있다.

3장

불안과 진리

불안이 엄습할 때 하나님의 진리를 붙들라

> 그리하여 하나님이 보내신 악한 영이 사울에게 내리면, 다윗이 수금을 들고 와서 손으로 탔고, 그때마다 사울에게 내린 악한 영이 떠났고, 사울은 제정신이 들었다(삼상 16:23).

우리는 불안하다. 사랑받는 존재가 되지 못할까 불안하고 지금 서 있는 토대들이 무너져 내릴까 불안하다. 알랭 드 보통은 사람들이 높은 지위에 오르려는 동기가 사랑 때문일지 모른다고 말했다. 해서 사람들은 세상에서 차지하는 자리에 대해서 불안해하는데, "이 자리는 우리가 얼마나 많은 사랑을 받을 수 있는지 결정하며, 결과적으로 우리가 우리 자신을 좋아할 수 있는지 아니면 자신에 대한 신뢰를 잃을 수밖에 없는지를 결정"하기 때문이라는 것이다.[1]

그에 따르면, 지위가 결정되어 있던 옛 사회보다 자신의 능력으로 지위를 획득해야 하는 현대 사회에서 불안이 증가한다. 특히 자본주의 사회에서는 자신이 사랑받을 가치가 있는 사람이라는 것을 경제적 능력으로 증명해야 한다. 행운이 따르지 않는다면 이는 결코 쉬운 일이 아니다. 이런 세상에서는 존재 그 자체로 사랑받기가 더욱 힘들어진다.

게다가 이른바 '속물'들의 사회는 오직 한 가지 척도로 사람들의 가치를 평가한다. 우리 사회에서 그것은 돈이다. 속물들의 세상에서 가난한 자는 무책임하거나 무능력한 자로 평가 절하되며, 부자들의 도움으로 살아가야 하는 비천한 존재로 낙인찍히고 만다. 그리고 이는 사랑받을 수 없음을 뜻한다. 부자들이라 할지라도 경쟁과 변화가 극심한 자본주의 사회에서는 자신의 힘으로 성취한 지위가 언제 곤두박질칠지 알 수 없다. 그래서 더욱 불안해지는 것이다.

오늘날 청년들은 한국 사회를 "헬 조선"이라고 부른다. 돈이 없다는 한 가지 이유만으로 갑질을 해대는 사람들에게 인격을 부정당해야 하는 세상, 태어날 때부터 금수저를 물고 태어나지 않으면 성공은커녕 생존을 위협받는 세상이다. 사랑받아야 마땅한 가치와 존엄을 거부당한 채 사람을 오로지 연봉이 상징하는 '가격'과, 기계적 성능을 의미하는 '스펙'으로만 평가되는 상품처럼 여기는 이 세상은 분명 지옥을 방불케 한다. 돈이 없거나 건강이라도 나빠져서 기능을 상실할까 두렵고, 필요 없다며 퇴물 처리될까 불안하다. 그래서 행복해야 할 유년 시절과 아름다워야 할 청춘마저 짓이겨 가며 안정적인 일자리를 찾아서 대기업에 들어가는 것을 목표로 희생해 왔지만, 여전히 불안하다. 헬 조선에서는 사랑받는 일이 불가능해 보인다.

우리는 이 불안을 이기고 왕 노릇 하며 살아갈 수 있을까? 사울은 불안에 목이 졸렸다. 이윽고 그는 질식하고야 말았는데, 상황만 두고 본다면 다윗이야말로 불안해야 할 영혼이었다. 한 사람은 불안에 정복당했고, 다른 한 사람은 불안을 정복했다. 한 사람은 모든 것을 가진 왕이었으나 노예처럼 살았고, 다른 한 사람은 모든 것이 불확실한 광야에서도 왕 같은 인생을 살았다.

사람들의 인정을 구하기보다 하나님의 뜻을 찾으라

사울은 불안했고 두려웠다. 버림받았다는 감정과 미래에 대한 두려움이 사울의 마음을 사로잡았다. 모든 성읍에서 여인들이 소구와 꽹과리를 들고 몰려나와 "사울은 수천 명을 죽이고, 다윗은 수만 명을 죽였다"고 노래하고, 춤추며, 환호성을 질러댔기 때문이다. 그의 백성들이 자신을 버리고 다윗을 더 원하는 것 같았다. 게다가 다윗은 어디를 가든 항상 큰 승리를 거두었다. 사울은 사람들이 자기보다 다윗이 왕좌에 더 어울린다고 믿는 것처럼 느꼈다. 소외감과 불안이 그를 엄습했다(삼상 18:6-16).

성경은 하나님이 부리시는 악신이 사울을 사로잡아서 고통스럽게 했다고 쓰고 있다. '하나님이 보내신 악한 영'이라는 말은 비록 악한 영일지라도 하나님의 통치 영역 속에서 활동한다는 것을 의미한다. 하나님은 스스로 강퍅해지도록 만든 사람의 마음을 강퍅한 상태로 내버려 두신다. 사울은 자신의 마음을 방치했다. 그 결과,

하나님을 떠나 비어 있던 마음이 '우울'과 '두려움'으로 가득 찼다. 어찌 보면 당연한 결과였다. 책임지려 하기보다 스스로 자기 연민의 늪으로 빠져든 것이다.

사울은 어쩌다 이 지경에 이르렀을까? 처음부터 그런 것은 아니었다. 사실 사울이 왕이 된 이유는 겸손한데다 유능했기 때문이다. 사무엘이 처음 왕을 세우기 위해 이스라엘 모든 지파를 불러 주님 앞에 모아 놓고 제비를 뽑아 하나님이 사울을 뽑으셨을 때, 그가 어디에 있었는지 아는가? 짐짝들 사이에 숨어 있었다. 그를 데리고 나와 세워 보니 키가 남들보다 머리 하나만큼은 더 컸다. 겸손하다 못해 귀엽기까지 하지 않은가? 사무엘은 그가 겸손했기에 하나님이 왕으로 세우셨다고 말한다.

"임금님이 스스로를 하찮은 사람이라고 생각하시던 그 무렵에, 주님께서 임금님께 기름을 부어 이스라엘의 왕으로 세우셨습니다"(삼상 15:17).

게다가 사울은 유능했다. 첫 전투에서 대승을 거둘 정도였다. 사울은 왕이 된 후 사방에 있는 적들, 즉 모압, 암몬, 에돔, 소바, 블레셋 등과 싸웠는데 한 번도 패한 적이 없는 천하무적의 전사였다. 또한 그는 너그러웠다. 사울을 왕으로 인정하지 못하고 빈정거리던 불량배들이 있었다. 그들은 사울이 왕이 되자 "이런 사람이 어떻게 우리를 구할 수 있겠느냐?"(삼상 10:27)고 불평했다. 대승을 거둔 첫 전투가 끝난 후, 백성이 사울 앞에 나와 그 불량배들을 죽이자고 했다. 사울은 그때 주님이 주신 승리의 날에 사람을 죽이지 못한다며 아량을 베풀었다. 그는 참으로 관대하고 훌륭한 왕이었다. 하나님의 뜻을 받들 수 있을 만큼 겸손했고, 승리를 이끌 수 있을 만큼 유능했다.

그러나 사울에게는 치명적인 약점이 하나 있었는데, 지나치게 사람들을 의식했다는 것이다. 외모와 달리 그의 내면은 허약했다. 사람들의 인정에 목말라 했고 사람들의 말에 쉽게 휘둘렸다. 다른 사람들보다 머리 하나만큼 더 크고 우람한 신체와는 대조적으로 그의 마음은 콩알만 한 새가슴이었다. 하나님보다는 가까이 있는 사람들의 시선을 더 많이 의식했다. 칼과 창으로 무장한 전장의 장수들의 함성보다 거리에서 부르는 여자들의 노랫가락에 마음이 더 졸아들었다(삼상 18:7-12). 실상은 사람들이 그의 마음에 들기 위해 애를 썼을 텐데 말이다. 전장에서 두려움 없이 적들을 베고 무찌르던 위대한 전사가 이렇게 한없이 무너질 수도 있구나 싶지 않은가?

사울을 왕으로 세우신 분은 하나님이다. 보좌는 사람들의 지지가 아닌 하나님께 인정을 받음으로 지켜질 것이다. 오히려 하나님의 원칙을 지킴으로 악하고 변덕스러운 사람들이 아닌 선하고 의로운 사람들에게 강고한 지지를 받을 수 있다. 하지만 사람을 지나치게 의식한 그는 그만 결정적인 실수를 저지른다. 하나는 길갈에서의 전투가 시작되기 전에 일어났고, 다른 하나는 아말렉과의 전투 이후 승리의 기쁨에 도취되었을 때 일어났다.

길갈에서 사울의 상황은 긴박했다. 블레셋 사람들은 어마어마한 군사력을 갖추고 사울의 군대와 싸우려고 길갈로 모여들었다. 병거가 3만, 기마가 6천, 게다가 보병은 바다의 모래알처럼 셀 수조차 없는 규모였다. 이스라엘 군대는 그 위세를 보고 두려워 숨거나 달아나기 시작했다. 사울을 측근에서 따르는 군인들도 모두 떨고 있었다. 사울은 사람들이 모두 떠나기 전에 제사를 드려 얼마 남지 않은 자들이라도 붙들어 놓아야 한다고 판단했을 것이다. 사무엘과 사울은 서로 다른 영역에서 이스라엘을 책임지고 있었다. 사무엘은 영적인 지도자로서 제사장 역할을 맡았고, 사울은 군사적 리더십을 발휘했다. 그런데 그만 사울이 선을 넘은 것이다. 다급한 나머지 사울은 '원칙'을 어기고 스스로 제사장 역할을 감행했다.

객관적인 전력을 토대로 볼 때 이 전쟁은 전혀 승산이 없는 싸움이었다. 애초에 사울의 전력은 각종 농기구로 무장한 보병 3천이 전부였다. 그마저도 다 달아나고 600명밖에 남지 않았다. 무기를 갖춘 사람은 사울과 요나단뿐이었다. 당대 기준으로 볼 때 최첨단 무기인 철기로 무장하고 전쟁터에 나온 블레셋의 전력과는 비교가 안 되는 수준이었다.

이 전쟁은 이스라엘이 블레셋과 맞붙어 싸워 이길 수 있는 그런 싸움이 아니었다. 요컨대 이 싸움은 하나님의 도움 없이는 전혀 승산이 없었다. 결국 요나단이 자신의 종자 하나를 데리고 올라간 전투에서 블레셋이 자기들끼리 싸워 궤멸되고 말았다. 하나님이 그들에게 큰 공포를 보내신 것이다. 문제는 사울이 이러한 일을 겪으면서도 배우지 못했다는 것이다. 그의 싸움은 군인 수나 무기에 달린 것이 아니라 하나님께 달린 것이라는 사실을 말이다.

또 다른 결정적인 사건은 아말렉과의 전투 이후에 발생했다. 하나님은 사울에게 여호와의 전쟁을 준비하라고 명령하신다. 여호와의 심판의 대리자로서 전쟁을 수행하라는 것이다. 아말렉은 이스라엘이 출애굽할 때 후미를 쳐 약탈을 감행한 족속이다. 후미에는 여자들과 아이들, 그리고 거동이 불편한 노인들이 대열에 속해 있었는데 아말렉 족속은 무자비하게도 그들을 쳐 죽이고 약탈한 것이다. 하나님은 사울에게 여호와 하나님의 심판을 실행할 것을 명령하신다. 이 경우에는 그 누구도 살려 두어서는 안 되며, 어떤 전리품도 취해서는 안 된다.

사무엘은 사울에게 하나님의 명령을 분명하게 전달했다.

"만군의 주가 말한다. 이스라엘이 이집트에서 나올 때에, 아말렉이 이스라엘에게 한 일 곧 길을 막고 대적한 일 때문에 아말렉을 벌하겠다. 너는 이제 가서 아말렉을 쳐라. 그들에게 딸린 것은 모두 전멸시켜라. 사정을 보아주어서는 안 된다. 남자와 여자, 어린아이와 젖먹이, 소 떼와 양 떼, 낙타와 나귀 등 무엇이든 가릴 것 없이 죽여라"(삼상 15:2-3).

그런데 사울은 아각 왕을 살려 두고, 가축들 중에 좋은 것들도 살려 두었다(삼상 15:8-9).

사울이 그렇게 한 이유는 두 가지였는데 하나는 탐욕이고, 다른 하나는 함께하는 군인들에 대한 두려움이었다. 사무엘이 말했다. "그런데 어찌하여 주님께 순종하지 아니하고, 약탈하는 데만 마음을 쏟으면서, 주님께서 보시는 앞에서 악한 일을 하셨습니까?"(삼상 15:19) 사울은 하나님의 정의의 전쟁을 부패하게 만들었다. 게다가 그는 사람들의 압력에 굴복했다. 자신의 잘못을 추궁하는 사무엘에게 사울은 이렇게 말한다.

"내가 죄를 지었습니다. 주님의 명령과 예언자께서 하신 말씀을 어겼습니다. 내가 군인들을 두려워하여, 그들이 하자는 대로 하였습니다"(삼상 15:24).

그가 약탈하는 데 마음을 쏟게 된 것은 자신과 함께한 군인들 때문이었다. 그는 주변 사람들에게 쉽사리 휘둘렸다. 하나님의 명령보다 사람들의 압력에 더 쉽게 굴복했다. 그 결과 하나님의 명령을 자기 마음대로 수정하고 왜곡한 것이다.

이스라엘의 왕은 하나님의 뜻을 실현해야 한다. 때로는 강단 있게 원칙을 지켜야 한다. 그러나 사울은 곧잘 휘둘렸다. 하나님보다 사람에 대한 두려움이 더 컸기 때문이다. 그가 하나님께 버림받게 된 이유다. 이상한 것은 사울이 자기 잘못을 깨닫고도 변화하려고 애쓰지 않았다는 사실이다. 죄책감을 느꼈지만 거기서 멈췄다. 그것으로 끝이었다. 하나님은 자신을 신뢰하지 않는 사울을 떠나신다. 그리고 텅 비어 버린 그의 마음에 악령이 찾아왔다(삼상 16:14). 사울은 가끔씩 악령에 사로잡혔고 그럴 때마다 깊은 우울감과 두려움에 시달렸다. 사울이 누구던가? 분열된 이스라엘을 하나로 통일시킨 위대한 왕, 싸우는 전투마다 져 본 적 없는 무적의 전사, 모든 이가 머리를 조아려 두려워하는 왕이 아니었던가? 그러나 하나님의 영이 떠나자 그는 악령에 시달리는 가여운 신세가 되고 만다.

하나님의 영이 떠나 버린 사울은 불안하고 두려웠다. 게다가 자신을 떠난 하나님의 영이 다윗과 함께하는 것처럼 보였다. 사울은 다윗이 자기 자리를 대신하게 될까 두려웠다. 다윗의 존재는 사울에게 위협 그 자체였다. 다윗만 제거하면 왕좌를 보존할 수 있으리라 여겼다. 다윗만 사라지면 미래의 안전도 보장될 터였다. 사울을 움직이는 내적인 힘은 불안과 두려움이었다.

거짓 메시지를 분별하고 하나님 안에 거하라

사울은 불안을 해소하기 위해 다윗을 찾아 없애려 한다. 그리고 제사장 아히멜렉이 다윗에게 먹을 것을 주었다는 이유로 제사장들을 몰살한다(삼상 22:11-19). 다윗과 제사장들을 살려 두면 다윗 편에 서서 자신을 대적할까 두려웠다. 그는 자신을 두렵게 하는 것들을 전부 제거하려 한다. 하나님이 주신 꿈, 하나님이 통치하시는 정의의 나라를 세우는 왕이 되겠다는 꿈은 오래전에 내어 버렸다. 그는 이제 불안과 두려움 때문에 산다. 불안과 두려움은 그가 살아가는 동기가 된다. 그의 삶은 사명과 비전이 아닌 불안을 제거하고 두려움을 극복하기 위한 것으로 전락한다.

많은 그리스도인 역시 하나님이 주신 소명과 비전을 위해 살지 않는다. 불안을 제거하기 위해 사는 것이다. 많은 사람이 불안해하는 이유들은 사울의 그것과 별반 다르지 않다. 사랑받지 못할 것에 대한 불안, 미래에 대한 불안, 홀로 남겨질 것에 대한 두려움, 가난과 질병 같은 것들이 우리를 불안하고 두렵게 만든다. 많은 이가 자신도 깨닫지 못한 채 꿈을 좇기보다 불안을 제거하는 것을 삶의 목표로 삼는다. 그리고 이 불안을 해소하기 위해 전력 질주한다. 대기업에 들어가거나 공무원, 교사가 되기 위해 애쓰는 것도, 성형과 다이어트에 과도하게 몰두하는 것도 가만히 따지고 보면 불안 때문인 경우가 많다.

당신이 살아가는 동기는 무엇인가? 당신이 지금 그것을 선택하고 또 그렇게 살아가는 이유는 소명 때문인가? 아니면 불안함 때문인가? 소명을 이루는 것이 아니라 불안과 두려움을 해소하기 위해 살고 있지는 않은가?

사울이 불안과 두려움에 사로잡힌 것은 그의 마음을 지배한 거짓 메시지 때문이다.

사울이 죽인 자는 천천이요 다윗은 만만이로다(삼상 18:7, 개역개정).

사무엘에게 '하나님이 당신을 떠나셨다'(삼상 13:14 참조)는 선고를 듣고는 가뜩이나 미래가 불안한 사울이었다. 그날은 블레셋과의 전투에서 승리하고 돌아오는 즐거운 날이었는데, 여인들이 승전을 기념하여 지어 부른 노래가 그만 사울의 마음에 낙인처럼 새겨졌다.

사울이 죽인 자는 천천이요 다윗은 만만이로다.

이 노래가 사울의 귀에 메아리처럼 울리고 또 울려댔다. 보좌에 앉을 자격을 가진 자는 사울 당신이 아니라 다윗이라는 부르짖음으로 들렸다. "이제 그에게 더 돌아갈 것은 이 왕의 자리밖에 없겠군!" (삼상 18:8) 사울은 자조했다. 사울은 다윗을 시기하고 의심하기 시작했다.
어떤 감정이 우리 내부에서 솟아날 때 우리는 그 감정을 잘 해석해야 한다. 그렇게 생각하고 느끼는 것이 정당한지 물어야 한다. 사울은 잘못 해석한 감정을 붙들었다. 여인들의 노래는 그저 전쟁에서의 승리를 축하하기 위한 것이었을 수도 있다. 그러나 사울은 다른 각도에서 자신의 감정을 바라보려 하지 않았다. 사울은 그 감정에 대한 자신의 해석을 믿어 버렸다.
그날 그 사건이 있은 뒤 바로, 악한 영이 사울에게로 내려왔다. 악령에 사로잡힌 사울은 궁궐에서 미친 듯이 소리를 질러댔다. 급기야 그는 자신을 통제하지 못하고 자신을 위해 수금을 타던 다윗을 향해 창을 집어 던졌다. 벽에다 박아 버리려고 말이다. 그것도 두 번씩이나(삼상 18:10-11). 사울이 미치광이가 된 것은 우연이 아니다. 거짓 메시지를 마음속에 붙잡아 두고 그것이 지배하는 것을 허용했기 때문이다.

거짓 메시지가 우리를 지배하도록 내버려 두면, 그것이 우리의 생각을 마비시켜 노예로 삼는다. 마치 곤충에 기생하다가 결국은 곤충의 뇌를 장악해 물속으로 뛰어들어 죽게 만드는 연가시처럼 말이다. 악한 영은 사람들의 마음속에 거짓 메시지를 심고 그 메시지로 사람들을 지배한다. 이 세상의 지배자인 사탄은 귀신을 집어넣지 않고도 사람들을 다스리는 법을 깨달은 것 같다. 거짓 메시지에 집착하게 하는 것이다. 많은 사람이 진실이 아닌 거짓 메시지에 사로잡혀 고통을 당한다.

사울을 지배한 거짓 메시지는 이런 것들이었다. '내 인생이 불행한 건, 다윗 저놈 때문이야! 저 놈만 없어지면 난 행복해질 수 있을 텐데…….' '내 자리를 빼앗긴다면 아무도 나를 존중하지 않을 거야.' '이제 사람들은 나를 원하지 않아. 다윗이 있는 한 사람들은 나를 지지하지 않을 거야. 저 놈만 사라져 준다면 사람들은 다시 나를 필요로 하겠지.' 거짓 메시지에 사로잡힌 마음은 두려움에 떨며 자신을 불안하게 하는 다윗을 제거하는 데 온 힘을 기울인다. 이렇게 사울의 인생이 잘못된 목표를 이루기 위해 허비되기 시작했다.

사울의 인생을 지배한 거짓 메시지는 단 한 줄의 문장이었다. 그러나 그 문장 한 줄이 그의 머릿속에 살도록 허용했을 때, 그 문장은 자라고 또 자라나 그의 전 생애를 지배하고야 말았다. 우리가 우리

머릿속으로 들어오도록 쉽게 허용하는 한 줄짜리 연가시에는 이런 것들이 있다.

'그 직장에 들어가지 못하면 가치 없는 사람이라고 낙인찍히고 말 거야.'
'내가 원하는 ○○○을 잃어버린다면 결코 행복할 수 없을 거야.'
'저 사람만 내 인생에서 사라져 준다면 행복할 텐데.'
'생산적인 일을 할 수 없는 사람은 잉여 인생일 수밖에 없어.'
'의미 있는 일이란 돈을 많이 버는 일이지.'

이미 허용해 버린 메시지도 있을 것이다.

"너는 우리 집의 문제아야. 너만 없으면 우리 집은 평온할 거야!"
"여자가 뭘 할 수 있겠어. 커서 시집이나 잘 가!"
"내가 불행한 건, 아버지 때문이야!"
"돈이 없으면 사람들이 나를 무시할 게 분명해!"

세상의 거짓 메시지들은 우리의 영혼을 불안에 떨게 해서 하나님이 허락하신 단 한 번의 인생을 충만하게 살지 못하도록 만든다. 불안을 제거하기 위해 사는 인생은 빈곤하다. 불안은 우리 인생을 바싹 말려 버린다. 거짓 메시지가 조성한 불안이 말려 버리는 것은 꿈, 의미, 사랑, 사명, 소망과 같은 단어들이다.

불안을 내쫓고 거짓 메시지를 대체할 수 있는 비결은 단 하나다. 바로 하나님 안에 거하는 것이다. 조건으로만 판단할 때, 다윗의 인생은 사울보다 몇 배는 더 불안했다. 왕은 자신을 미워해 죽이려 한다. 온통 사울이 지배하는 세상이다. 피할 곳이 없다. 사울은 군대를 가졌으나, 다윗은 달랑 수금 하나다. 기름 부음을 받기는 했으나 왕이 되기는커녕 생존조차 불확실해 보인다. 당장 내일 아침에 머리가 붙어 있을지 예측하기도 어렵다. 사방에 원수와 원수의 졸개들이 자신을 찾아 죽이기 위해 눈에 불을 켜고 달려든다. 그런 상황에서 다윗은 이렇게 노래한다.

> 오히려, 내 마음은 고요하고 평온합니다. 젖 뗀 아이가 어머니 품에 안겨 있듯이, 내 영혼도 젖 뗀 아이와 같습니다. 이스라엘아, 이제부터 영원히 오직 주님만을 의지하여라(시 131:2-3).

두려움은 아무것도 변화시키지 못한다. 자신을 두렵게 만드는 존재인 다윗을 제거한다 해도 사울의 불안감은 해소되지 않는다. 다윗을 제거하려는 목적을 달성하더라도 사울은 또다시 자신의 왕좌를 위협할 것처럼 보이는 이들을 향해 두려움에 휩싸인 채 창을 던져댔을 것이다. 두려움은 자신의 내면에서 솟아나는 것이다. 따라서 그 두려움을 해결할 수 있는 사람도 자기 자신뿐이다. 다윗은 하나님만 의지하기로 작정했다. 사람들도, 세상도 우리를 불안과 두려움에서 건져 줄 수 없다. 오직 하나님만 의지할 때 우리는 불안과 두려움에서 해방을 얻는다.

주님이 나의 빛, 나의 구원이신데, 내가 누구를 두려워하랴? 주님이 내 생명의 피난처이신데, 내가 누구를 무서워하랴? 나의 대적자들, 나의 원수들, 저 악한 자들이, 나를 잡아먹으려고 다가왔다가 비틀거리며 넘어졌구나. 군대가 나를 치려고 에워싸도, 나는 무섭지 않네. 용사들이 나를 공격하려고 일어날지라도, 나는 하나님만 의지하려네(시 27:1-3).

어머니의 가슴에서 배부르게 젖을 먹고 그 품에서 잠든 평화로운 아기의 얼굴을 본 적이 있는가? 마치 온 세상 풍요를 다 가진 것처럼 고요하고 만족스럽다. 다윗은 하나님을 의지하고 하나님의 음성에만 귀 기울이는 법을 배웠다. 그의 영혼은 주님의 품 안에서 고요하고 평온하였다. 하나님의 품 안에 거하며 피난처 되시는 그분을 의지할 때, 우리의 영혼은 어머니의 품속에서 희미한 미소를 지으며 잠든 아기처럼 평온할 수 있다.

사람을 두려워하지 말고, 그 두려움에서 파생되는 내면의 거짓된 메시지에 홀리지 말라. 오직 하나님만 의지하고 하나님이 당신에 대해 들려주는 음성에만 귀를 기울이라. 사람을 의지한 사울은 왕궁에서도 광야를 사는 것처럼 외롭고 불안했으며 두려움에 떨어야 했다. 그러나 하나님을 의지한 다윗의 영혼은 광야에서도 평화로웠다.

내가 여호와께 바라는 한 가지 일 그것을 구하리니 곧 내가 내 평생에 여호와의 집에 살면서 여호와의 아름다움을 바라보며 그의 성전에서 사모하는 그것이라(시 27:4, 개역개정).

그렇다. 불안과 두려움이 엄습해 오는 광야를 살면서도 우리가 평안할 수 있는 비결은 바로 하나님을 예배하는 것이다. 그분을 사랑하고 그분의 사랑에 흡족해하며 사는 것이다. 알랭 드 보통은 사람들의 불안이 사랑받지 못하는 존재로 입증될 것에 대한 두려움에서 나오는 것임을 간파했다.[2] 사울이 지위와 권력, 사람들의 인정에 몰두한 것도 바로 그 때문이었다. 그러나 다윗은 그럴 필요가 없었다. 이미 충분한 사랑을 받고 있었기 때문이다.

다윗 역시 자신을 떠돌이 개 취급하는 세상의 메시지에 사로잡혀 살 수 있었을 것이다. 사울만 사라지면 모든 문제가 해결될 수 있을 것이라 믿고 사울을 '제거'하기 위해 인생을 허비할 수도 있었다. 그러나 다윗은 사울과 다르게 반응했다. 그의 마음에 하나님의 말씀을 품었기 때문이다. 거짓 메시지는 죽이지만, 하나님의 말씀은 살게 한다. 다윗이 쓴 시편을 보면 그가 얼마나 하나님의 말씀을 붙들고 살았는지 알 수 있다.

주님, 주님의 길을 나에게 보여 주시고, 내가 마땅히 가야 할 그 길을 가르쳐 주십시오. 주님은 내 구원의 하나님이시니, 주님의 진리로 나를 지도하시고 가르쳐 주십시오. 나는 종일 주님만을 기다립니다(시 25:4-5).

나는 주님의 한결같은 사랑을 늘 바라보면서 주님의 진리를 따라서 살았습니다(시 26:3).

의인의 입은 지혜를 말하고, 그의 혀는 공의를 말한다. 그의 마음속에 하나님의 법이 있으니, 그의 발걸음이 흔들리지 않는다. …… 주님을 기다리며, 주님의 법도를 지켜라. 주님께서 너를 높여 주시어 땅을 차지하게 하실 것이니, 악인들이 뿌리째 뽑히는 모습을 네가 보게 될 것이다(시 37:30-31, 34).

미쳐 버릴 것 같은 도망자 신세를 면치 못하면서도 다윗은 젊은 사자처럼 당당하게 광야를 질주했다. 마음속에 하나님의 법이 있었기 때문에 그 발걸음은 흔들릴 수 없었다. 주님의 한결같은 사랑을 바라보며 주님의 진리를 따라 살았다. 원수들에게 에워싸여 갈 바를 알지 못할 때 그는 주님께 길을 물었다. 그의 마음에는 세상의 거짓된 메시지가 들어설 자리가 없었던 것이다.

하나님의 사람은 세상의 평가나 규정이 아닌 하나님의 말씀으로 자신을 바라보고, 걸어가야 할 길을 선택한다. 거짓 메시지에 지배당하는 사울의 세상은 다윗 스스로에게 도망자, 배신자, 반역자, 실패자, 떠돌이 개, 거지라는 평가를 내리도록 강요했지만, 다윗은 추호도 흔들리지 않았다. 다윗은 의연히 하나님의 말씀 안에서 자신을 인식했고 걸어야 할 길을 찾았다.

　오늘날 세상은 돈과 권력의 관점으로 자신을 인식하라는 압력을 가한다. 많은 젊은이가 스스로를 실패자, 루저, 잉여로 인식하라는 세상의 압력에 직면해 있다. 수많은 은퇴자와 노인이 스스로를 쓸모없는 존재로 믿으라는 거짓말에 노출되어 있다. 자칫하면 깜빡 속아 넘어갈 판이다. 세상의 메시지는 사망이 쏘는 독 묻은 화살이다. 해독제는 유일하다. 하나님의 말씀이다. 이 말씀만이 우리가 누구인지를, 또 무엇을 위해 존재하는지를 정확히 가리키는 나침반이다. 그 말씀에 따르면 우리는 하나님의 극진한 사랑을 받는 하나님의 자녀요, 하나님의 뜻을 이루기 위해 달리는 광야의 사자다. 하나님 나라의 사랑과 정의를 위해 싸우는 불굴의 전사다. 우리는 광야를 달리는 왕이다.

불안에 쫓기는 삶을 살지 말고 소명을 따라 살라

하나님의 사랑을 받아 진리를 따라 살아가는 우리가 불안이 요동치는 이 세상으로 보냄받은 데는 이유가 있다. 하나님은 우리가 불안에 지배당하는 대신 사랑으로 살아가기를 원하신다. 불안은 우리 삶을 말라비틀어지게 만들지만, 사랑은 우리를 성장시켜 물 댄 동산처럼 풍요롭게 한다. 하나님 안에 사는 이는 시냇가에 심은 나무처럼 철을 따라 열매를 맺는다.

다윗은 불안에 지배당하는 사울을 섬겨야 했다. 불안과 염려로 가득 찬 사람을 섬기기란 쉽지 않다. 사울의 증세는 점점 악화되었다. 처음에 사울은 다윗을 몹시 사랑해서 자신의 무기를 드는 최측근으로 삼았다. 그는 다윗을 진심으로 아꼈다. 그러나 좋은 시간은 잠시뿐이었다. 곧바로 사울은 다윗을 죽이려고 창을 던져댔다. 다윗은 그런 사울을 위해 수금을 연주했다. 그것이 왕으로 임명받은 다윗이 가장 처음 한 일이었다. 유진 피터슨은 그것이 왕이 되기 위한 대단히 좋은 훈련이었다고 말했다.[3]

다윗의 연주는 불안에 떠는 사울의 마음을 치유했다. 다윗은 왕이 아닌 한 인간으로서의 사울을 대면했다. 하나님의 영이 떠난 인간은 작아지고 초라해진다. 사울을 위해 연주하며 다윗은 하나님이 떠나 버린 영혼이 얼마나 비참해질 수 있는지, 또 그 영혼이 어떻게 지옥을 경험하게 되는지 깨달았을 것이다. 다윗은 한 인간으로서의 사울을 대면하면서 그에게 연민과 긍휼을 느꼈을 것이다. 누군가가 긍휼히 여겨질 때 그가 용납된다. 사울이 그토록 악독하게 다윗을 파멸하려 했을 때에도 다윗이 의연할 수 있던 것은 어쩌면 사울을 불쌍히 여기는 마음 때문이었을지 모른다.

불안에 떠는 대신 우리가 해야 할 일은 불안한 영혼을 위해 수금을 연주하는 것이다. 이것이 그리스도인들을 향한 하나님의 소명이다. 청년 다윗은 언제 미치광이로 돌변할지 모르는 사울 곁에서 그를 섬겼다. 우리도 그런 사람들과 함께 있다. 사울이 겪은 우울과 두려움은 지금도 많은 사람의 마음을 지배하고 있다. 버림받은 느낌, 실패감, 홀로 남겨질 것에 대한 두려움, 비관적으로 다가오는 미래에 대한 염려 등으로 하나님을 거부한 사람의 마음은 불안하고 고독하다. 하나님이 차지해야 할 공간이 그만 텅 하고 비어 버렸으니 그 공허가 얼마나 크겠는가?

하나님이 다윗을 이끌어 불쌍한 사울을 위해 수금을 연주하게 하셨듯이 그리스도인들도 동일한 부름을 받는다. 이 세상의 불안한 영혼들을 위해 자신만의 수금을 연주하는 것이다. 다윗은 왕이 되기 위해 기름 부음을 받았다. 그가 왕으로 부름받아 처음 시작한 일은 온 세상을 바꾸는 것이 아닌, 상처 입은 가련한 한 영혼을 섬기는 것이었음을 기억해야 한다. 한 사람을 사랑하지 못하면서 세상을 바꿀 수는 없다. 상처 입은 한 사람부터 사랑하자. 그를 위해 우리 삶을 연주하자. 한 영혼을 위해 우리의 수금을 들자. 상처 입은 영혼에게 우리의 연주를 들려주자.

그리스도인의 선한 영향력은 어디에서 나오는 것일까? 어떤 이는 그리스도인이 고지를 점령해야 한다고 말하고, 또 어떤 이는 실력을 갖추고 있으면 하나님이 쓰실 것이라고 말한다. 그러니까 울더라도 실력을 배양해야 한다는 것이다. 힘이 있어야 세상을 바꿀 수 있다는 논리일 것이다. 우리네 선조들도 그렇게 믿었다. 내가 어릴 적, 장로님들이 기도하실 때 항상 빠지지 않는 내용이 있었다. "세상에서 머리가 될지언정 꼬리가 되지 않게 하옵시고……." 그래서였을까? 우리 교회 장로님들의 자녀들은 대부분 미국으로 유학을 떠났다. 머리가 되기 위해서다. 하나님이 우리 조상들의 기도를 들으셨다.
많은 기독교인이 세상의 머리가 되었다. 그래서 세상이 더 좋아졌는가? 아니, 교회라도 더 나아졌는가? 높은 자리에 기독교인이 참 많다. 국회의원 과반, 대학 총장 대다수, 장관 중에도 기독교인이 많단다. 초대 대통령도 기독교인이었고, 장로님 대통령도 두 분이나 계셨다. 유수한 대기업의 사장들 중에도 기독교인이 많다. 기독교 기업을 표방하는 큰 기업도 많이 있다. 자, 소원대로 되었다. 그런데 어떻게 되었는가?

초대 교회의 그리스도인들은 고위 공직에 오르는 것은 꿈도 못 꾸었다. 아니, 꾸지도 않았을 것이다. 자신이 그리스도인인 것이 발각되면 직위를 박탈당하는 것은 물론 죽을 수도 있었기 때문이다. 이방인들 가운데서도 사회적 지위가 그리 높지 않은 사람들이 예수님의 제자가 되었다. 그리스도인이 된다는 것은 사회적 지위가 낮은 사람이 된다는 것을 의미했다. 그럼에도 수많은 사람이 그리스도인의 삶에 매료되었고, 그리스도인이 되었다.

알렌 크라이더가 쓴 「회심의 변질」(대장간 역간)을 보면 초기 기독교가 박해 가운데에서도, 공개적으로 복음을 선포하지 못하는 상황에서도 놀랍게 성장한 것은 그리스도인들의 삶이 매력적이기 때문이었다. 초기 기독교 공동체는 하나님이 보시기에 아름다운 일로 불안한 세상 속의 사람들을 섬겼다. 그리스도인의 삶에 매료되어 나아온 구도자는 신앙문답 교사와 몇 년 동안 함께하며 복음을 배웠다. 그들이 그리스도께 자신의 삶을 드리기 위해 세례를 받게 된 결정적인 이유는 그 교사가 보여 준 삶이었다고 한다.

우리가 목자이시며 감독이신 하나님께 돌아올 수 있던 것도 바로 우리를 위해 십자가를 지신 예수 그리스도의 사랑의 아름다움 때문이다. 예수 그리스도의 사랑의 아름다움이 우리를 구원한 것이다. 베드로는 이제 우리가 그 사랑으로 누군가의 구원을 위한 길이 되어야 한다고 말한다. 베드로는 그리스도인들에게 이렇게 당부하고 있다.

선을 행하다가 고난을 당하면서 참으면, 그것은 하나님께서 보시기에 아름다운 일입니다. 바로 이것을 위하여 여러분은 부르심을 받았습니다. 그리스도께서는 여러분을 위하여 고난을 당하심으로써 여러분이 자기의 발자취를 따르게 하시려고 여러분에게 본을 남겨 놓으셨습니다(벧전 2:20-21).

IVF 사역을 마무리하고 교회를 개척할 때였다. 당시 나는 수입이 없었다. 돈 없고, 돈 안 되는(?) 대학생 십여 명을 데리고 무모하게 교회를 개척했으니 수입이 있을 리 없었다. 결국 아내가 일자리를 찾았다. 글짓기를 가르치는 꽤 유명한 학원이었다. 모든 인간 세상이 그렇듯이 교사들이 모여 뒷담화를 할 때, 아내는 그 대화에 끼지 않았다. 원장은 성실한 아내를 잘 보았는지 아내에게 교사들에 대한 불만을 곧잘 털어놓았다. 그럴 때면 아내는 교사들의 입장을 대변했다. 그러나 얼마 지나지 않아 아내는 왕따가 되었다. 세상에서 의롭게 살면 인정을 받는 게 아니라 왕따를 당한다. 아내는 개의치 않았다.

아내는 출근 시간보다 일찍 출근해 사무실을 청소했다. 아무도 가기 싫어하는 지역, 버스를 두세 번 갈아타야 하는 먼 지역에는 자원해서 갔다. 사람들에게 들은 이야기는 남에게 옮기지 않았다. 도움이 필요한 사람이 있으면 성심성의껏 도왔다. 사람들이 아내를 찾아 자신의 고민을 털어놓기 시작했다. 개중에는 그리스도인도 있었는데, 그들이 직장에서도 그리스도인답게 살아갈 수 있도록 도움을 주었다. 급기야는 직장에서 그들 가운데 몇 사람과 성경 공부를 하게 되었다. 몇은 그리스도인이었고 몇은 교회를 다니지 않는 사람들이었다. 그들 중에 몇 사람이 우리 교회로 와서 그리스도인이 되었다. 참으로 아내는 내 인생의 동반자이자 좋은 스승이다.

한 자매가 시간이 오래 지나고 나서 우리에게 한 이야기를 들려주었다. 아내가 일하면서 사람들을 대하는 모습을 보며 든 느낌이었다. "사모님이 믿는 하나님이라면 나도 믿고 싶다는 생각이 들었어요. 사모님을 보고 있으면 괜히 눈물이 나고 그러더라니까요. 좋아서요. 그래서 성경 공부에 참석했고 하나님을 만나게 되었어요. 사모님께 얼마나 감사한지 몰라요."

그 자매는 청소년들의 꿈을 찾아 주는 일을 하고 있는데, 지금은 꽤 유명해져서 관련 저서까지 출간했다. 얼마 전 저자 사인과 함께 그 자매가 쓴 「10대를 위한 공부, 습관의 힘」(이지현, 위닝북스)을 보내왔다.

불안에 떠는 이들을 위해 당신의 수금을 들라!

사람들에게 박해를 당할 때에도, 삶의 터전에서 내쫓기는 순간에도, 언제 감옥에 갇히고 언제 순교할지 모르는 불안한 상황에서도 그리스도인들은 오히려 불안해하는 영혼들을 사랑으로 섬겼다. 힘이 있으면 좋다. 그러나 그 힘이 사랑과 결합하지 않으면 파괴적인 힘이 될 뿐이다.

사울은 힘이 있었으나 자신의 불안으로 무고한 사람을 적으로 만들었고, 그를 파괴하려다 자신을 파괴했다. 사울은 다윗에게 죽지 않았다. 사울을 죽인 것은 문자 그대로 사울 자신이었다. 정작 불안에 떨어야 할 다윗은 평안히 하나님의 사랑 안에 거하며 불안한 영혼을 섬기는 삶을 살았다. 그는 세상과 자기 내면의 거짓 메시지를 분별하고 하나님의 진리에 붙들렸다. 그는 불안에 떠는 영혼을 위해 수금을 연주함으로 불안을 정복하고 소명을 위해 살았다. 불안한 영혼들을 위해 당신의 수금을 들라! 그들의 영혼을 위해 우리의 수금을 아름답게 연주하자. 아름다움으로 세상을 구원하자.

| 4장 |

승리를 위한 상상력
문제 앞에서 창조적 상상력을 발휘하라

> 그런 다음에, 다윗은 목동의 지팡이를 들고, 시냇가에서 돌 다섯 개를 골라서, 자기가 메고 다니던 목동의 도구인 주머니에 집어넣은 다음, 자기가 쓰던 무릿매를 손에 들고, 그 블레셋 사람에게 가까이 나아갔다(삼상 17:40).

상식적으로 승산이 없는 싸움이었다. 누가 봐도 질 수밖에 없는 그런 싸움이었다. 한쪽은 타고난 신체 조건과 천부적인 전투 능력으로 명성이 자자한 전쟁 영웅이었고, 다른 한쪽은 흉터 하나 없는 홍안, 앳된 모습도 벗지 못한 소년 목동이었다. 그렇다고 물러서거나 포기할 수 없었다.

다윗의 싸움은 하나님의 싸움이자, 하나님 나라 백성들의 싸움이었다. 그는 하나님의 이름으로 나아가 하나님의 백성을 위한 싸움을 싸우려 한다. 다윗이 지면 이스라엘과 그들의 하나님이 지는 것이요, 다윗이 이기면 이스라엘과 그들의 하나님이 승리하시는, 그런 책임이 막중한 싸움이었다. 이 싸움은 반드시 이겨야 한다.

말콤 글래드웰은 좀처럼 이길 수 없을 것 같은 싸움에서도 이기는 사람들이 있다고 말한다. 그들은 강자들이 만들어 놓은, 해서 그들이 질 수밖에 없는 게임의 규칙을 따르지 않는다. 오히려 게임의 규칙을 새로 만든다. 틀을 깨는 새로운 상상력으로 승리를 꿈꾸며, 자신의 강점을 극대화하고, 그에 따른 새로운 전략으로 전장에 선 강자들을 혼란에 빠뜨린다. 그리고 승리를 쟁취한다.[1]

반드시 이겨야만 하는 싸움들이 있다. 예수님은 우리가 어둠을 이기는 빛이라고 말씀하셨고, 바울은 우리에게 선으로 악을 이기라고 말했다. 교회는 세상의 어둠과 악을 이기는 공동체가 되기 위해 부름받았다. 세상에서는 정의와 불의의 싸움이 계속되고 있고, 교회는 세상의 공격에 직면해 있다. 때때로 우리는 스스로에게 묻는다. 이 싸움은 과연 승산이 있을까? 우리는 과연 정의가 승리하고 불의가 패배하는 모습을 볼 수 있을까? 교회는 공중 권세 잡은 적의 공격을 이기고 어둠 속에서 그 찬란한 영광을 드러낼 수 있을까?

초대 교회는 서로를 뜨겁게 사랑했기 때문에 많은 사람에게 호감을 샀고 그로 인해 믿는 사람의 수가 날마다 더해 갔다고 기록되어 있다.

> 믿는 사람은 모두 함께 지내며, 모든 것을 공동으로 소유하였다. 그들은 재산과 소유물을 팔아서, 모든 사람에게 필요한 대로 나누어 주었다. 그리고 날마다 한마음으로 성전에 열심히 모이고, 집집이 돌아가면서 빵을 떼며, 순전한 마음으로 기쁘게 음식을 먹고, 하나님을 찬양하였다. 그래서 그들은 모든 사람에게 호감

4장 · 승리를 위한 상상력

을 샀다. 주님께서는 구원받는 사람을 날마다 더하여 주셨다(행 2:44-47).

분명 사도행전의 초대 교회는 승리하고 있었다. 그들은 로마 제국의 영토에 하나님 나라의 식민지를 건설했다. 탐욕과 폭력의 질서가 지배하는 제국 속에 하나님의 사랑의 나라를 세운 것이다. 사랑하기 위해 재산과 소유를 팔아 필요한 사람에게 나누어 주었고, 먹을 것을 나누고, 로마 황제가 아닌 하나님을 찬양함으로 하나님의 승리를 노래했다. 스탠리 하우어워스의 표현을 빌리자면, 제국에 속한 사람들이 날마다 하나님 나라로 들어와 하나님 나라의 시민이 되기 위해 '전향'을 감행했다.[2]

우리는 초대 교회처럼 이기길 원한다. 그러나 복음을 전하다 보면, 복음을 전해야 할 교회가 도리어 넘지 못할 장애물인 것처럼 여겨질 때가 있다. 그리스도인이 아닌 사람들에게 미리 질문을 받아 토크 콘서트를 연 적이 있다. 많은 질문 가운데 가슴 아픈 질문들이 있었다. 독자들도 예상하겠지만 교회에 대한 질문이었다. "요즘 교회에서 벌어지는 일들을 보면, 교회에서 배울 게 없는 것 같은데 왜 교회에 나가야 하죠?" "세상보다 교회에 나쁜 사람이 더 많은 것 같아요. 왜 그런 거죠?" 많은 질문이 교회에서 벌어지는 나쁜 일들과, 그리스도인들이 저지른 범죄 행위에 관한 것들이었다. 뭐라고 대답할 수 있겠는가? 미안하다고 했다. 세상에는 순수한 교회도 있고, 그렇지 않은 교회도 있다고 말했다. 불완전한 사람들이 모였기 때문에 완전한 교회는 찾을 수 없겠지만, 순수한 교회는 있다고 대답했다. 마음이 좋지는 않았다.

주님은 우리가 당신과 함께 승리하기를 원하신다. 다윗과 골리앗의 싸움은 우리가 어떻게 승리할 수 있을지에 관해 많은 것을 가르쳐 준다. 전투 경험이 없는 다윗이 어릴 때부터 전쟁 영웅이라고 불린 전설적인 전사를 어떻게 이길 수 있었을까? 보통 사람의 거의 두 배 크기에, 보기만 해도 두려움에 떨게 만드는 이 괴물 같은 장수를 어떻게 이길 수 있었을까? 깨어진 세상에서 만나게 되는 어마어마한 대적들과의 싸움에서 우리는 어떻게 당당히 이길 수 있을까?

거룩한 분노를 느끼라

다윗은 분노했다. 다윗은 하나님을 모르는 사람들에 의해 하나님의 이름이 모욕을 당하고 있다는 사실을 참을 수 없었다. 다윗은 진정으로 하나님을 사랑했기에 하나님의 이름을 모욕하고 하나님의 백성을 능욕하는 골리앗에게 분노했다. "저 블레셋 사람을 죽이고 이스라엘이 받는 치욕을 씻어 내는 사람에게는, 어떻게 해준다구요? 저 할례도 받지 않은 블레셋 녀석이 무엇이기에, 살아 계시는 하나님을 섬기는 군인들을 이렇게 모욕하는 것입니까?"(삼상 17:26) 살아 계신 하나님의 군대가 기껏해야 골리앗 따위에게 모욕을 당하다니, 다윗에게는 있을 수 없는 일이었다.

분노한 다윗과 달리 이스라엘 백성은 두려움과 패배감에 사로잡혀 있었다. 아무도 이 싸움을 위해 감히 나서려 하지 않았다. 하나님은 다윗처럼 하나님과 그분의 나라를 위해 분노할 수 있는 자를 들어 쓰신다. 하나님의 승리를 갈망하는 거룩한 분노가 없이는 하나님 나라를 위해 싸울 수 없기 때문이다. 분노해야 할 대상을 향해 분노하지 못하는 사람들이 분노하는 사람들을 향해 내뿜는 차가운 분노가 바로 냉소다. 다윗이 골리앗과 싸우려 한다는 소식을 듣게 된 큰형 엘리압은 오히려 다윗을 향해 분노한다. "네가 감히 무엇을 시도한단 말이냐? 가서 네 적은 양 떼나 쳐라." 냉소는 패배감에서 나온다.

두려움, 패배감, 냉소, 비관주의는 새로운 역사를 만들어 내지 못한다. 새로운 역사를 만들어 내는 힘은 거룩한 분노에서 나온다. 분노하라. 스테판 에셀은 젊은 시절에 프랑스의 레지스탕스로 나치즘에 저항했다. 그는 93세의 나이에 「분노하라」(돌베개 역간)라는 책을 써서 이 세상의 불의에 맞서라고 외쳤다. 그는 나치즘에 대한 분노 때문에 레지스탕스 운동에 참여하게 되었다고 말했다. 분노할 때 싸울 수 있다. 분노함으로 우리는 새로운 역사를 만들어 낼 수 있다. "내가 나치즘에 분노했듯이 여러분이 뭔가에 분노한다면, 그때 우리는 힘 있는 투사, 참여하는 투사가 된다. 이럴 때 우리는 역사의 흐름에 합류하게 되며, 역사의 이 도도한 흐름은 우리들 각자의 노력에 힘입어 면면히 이어질 것이다. 이 강물은 더 큰 정의, 더 큰 자유의 방향으로 흘러간다."[3] 역사의 흐름을 만들어 내는 일은 분노, 거룩한 분노에서 출발한다. 이 거룩한 분노는 우리로 하나님의 나라와 정의를 위한 전장에 뛰어들 용기를 낼 수 있는 힘을 준다.

분노는 에너지다. 분노는 긍정적인 에너지가 되기도 하고 자기 파괴적인 에너지가 되기도 한다. 사울은 자신을 위해 분노했으나 다윗은 하나님을 위해 분노했다. 그 결과 사울은 미치광이에 살인마가 되었지만 다윗은 하나님을 기쁘게 하는 왕이 되었다. 다윗처럼, 하나님의 이름이 모욕을 받고 하나님의 백성이 모욕을 당하는 현실에 분노해야 한다. 허면, 하나님의 이름이 모욕을 받고 있는 곳은 어디인가? 하나님의 백성이 패배하는 곳이다. 하나님이 세우신 백성이 하나님의 목적을 이루지 못하고 패배하는 곳에서 하나님은 모욕을 당하신다.

하나님의 뜻이 아닌 일을 하나님의 이름으로 감행하는 교회에서 하나님은 모독을 받으신다.

하나님을 예배하는 그리스도인이 부정과 불법을 저지를 때 하나님은 모독을 당하신다.

교회 공동체 안에 빈곤과 소외로 고통받는 형제와 자매들이 있을 때 하나님은 모욕을 받으신다.

교회가 모든 형태의 차별과 학대에 참여할 때, 기아와 질병으로 죽어 가는 아이들이 있는 곳에서, 기독교 국가가 민간인들에게 폭탄을 퍼부을 때 하나님은 모독을 당하신다.

바다거북, 바닷새, 물고기, 커다란 고래가 플라스틱 줄에 목이 걸리고, 쓰레기로 배가 터져 죽어 갈 때, 하나님의 이름은 모욕을 받으신다.

그리스도인들이 소비주의 우상에 빠져 세계의 가난한 형제들을 돌보지 않는 곳에서 하나님은 모욕당하신다.

기독교인 기업가, 판검사, 정치가들이 하나님의 이름으로 불의를 저지를 때 하나님은 모독을 당하신다.

즉, 교회가 교회답지 않은 모든 곳에서 하나님은 모욕당하신다.

그럼에도, 분노하는 사람이 없을 때 하나님은 모욕을 당하신다.

하나님은 다윗처럼 하나님의 이름을 위해 분노하는 사람을 찾으신다. 마틴 루터 킹은 인종 차별에 분노해 일어섰다. 허드슨 테일러는 셀 수 없이 많은 중국인이 하나님을 알지 못하고 죽어 가는 사실에 분노했다. 장기려는 돈이 없어 병원에 와보지도 못하고, 약값이 없어 죽어 가는 가난한 사람들이 있다는 사실에 분노해 청십자의료협동조합을 일으켰다. 마르틴 루터는 부패한 로마 가톨릭에 분노해, 일어나 종교 개혁을 시작했다.

당신의 마음을 분노하게 하는 것은 무엇인가? 한국 교회의 어떤 실패가 당신의 마음을 아프게 하고, 화나게 하는가? 인간을 아프게 하는 어떤 일이 당신의 가슴에 통증을 일으키는가? 냉소하지 말라. 분노하는 당신이 바로 그 일을 하라. '너는 가서 네 양이나 돌보라'는 말을 듣지 말라.

하나님께 순종하는 순수한 동기로 싸우라

하나님을 위한 순수한 동기를 상실하는 순간, 우리는 실패하고 만다. 하나님을 위해 시작한 모든 행위가 자신의 탐욕을 위한 것으로 변질되고 마는 것이다. 그러면 이겨도 이긴 것이 아니다. 사울은 한 번도 패배한 적 없는 위대한 장수였으나 끝까지 자신의 동기를 지키지 못했다. 하나님을 위해, 정의를 위해 싸워야 할 싸움이 탐욕을 채우기 위한 싸움으로 전락하고 만다. 하나님의 백성을 보호하고 지켜야 할 그의 군대가 약탈하는 무리로 변질되고 만 것이다. 순수한 동기로 시작한 많은 일이 결국은 탐욕을 채우기 위해 싸우는 진창으로 변해 버리는 것을 우리는 얼마나 자주 보아왔는가? 수많은 목사, 교회, 기독교 학교, 복지 단체, 사회단체가 이 벽을 넘지 못하고 넘어졌다.

지혜자는 "모든 지킬 만한 것 중에 더욱 네 마음을 지키라 생명의 근원이 이에서 남이니라"(잠 4:23, 개역개정)고 했다. 신명기 저자는 "오직 너는 스스로 삼가며 네 마음을 힘써 지키라"(신 4:9, 개역개정)고 명했다. 그렇다면 어떻게 우리 마음을 지킬 수 있을까? 신명기 저자는 기억하라고 명한다. "그리하여 네가 눈으로 본 그 일을 잊어버리지 말라 네가 생존하는 날 동안에 그 일들이 네 마음에서 떠나지 않도록 조심하라"(신 4:9, 개역개정). 순수한 동기를 가지고 살아가려면 잊지 말아야 할 것들이 있다. 내가 어디에서 구원을 받았는지, 무엇을 위해 부름받았는지, 하나님이 나를 위해 행하신 일들이 무엇인지를 끊임없이 기억해야 한다. 끊임없이 기억하기 위해서 우리는 하나님의 말씀으로 끊임없이 돌아가야 한다. 하나님의 말씀은 우리가 누구인지, 무엇을 위해 지음받았는지를 끊임없이 기억나게 해주기 때문이다.

하지만 우리의 순수한 동기는 시시때때로 변한다. 선한 동기로 시작했다가 악한 동기로 변질되기도 한다. 목회자, 선교사, NGO 단체도 예외가 없다. 선한 동기로 시작했다가 추하게 막장으로 치닫는 인사와 단체가 얼마나 많은지 모른다. 우리는 추하게 늙어 가는 것을 두려워해야 한다.

이때 우리가 알아야 할 것이 있다. 하나님은 순종을 더욱 중요하게 여기신다는 것이다. 아말렉을 진멸하고 좋은 가축을 남겼을 때 사울이 댄 핑계거리는 하나님을 위해 제사를 드리기 위해서였음을 상기해 보라. 그는 자신의 동기가 순수했음을 호소하였다. 그러나 동기가 순수하다고 무죄가 되지는 않는다. 예수님을 죽인 유대인 지도자들의 동기도 하나님을 위한 것이었고, 수많은 사람을 학살한 십자군들의 동기도, 유대인들을 가스실로 보낸 히틀러의 동기도 순수했을 것이다. 순수한 동기보다 중요한 것이 바로 하나님의 뜻이다. 우리는 하나님의 뜻을 따라 분노해야 할 일에 분노하고 순종해야 할 일에 순종해야 한다.

우리의 동기는 때때로 요동친다. 순수하다고 믿은 우리의 행위 속에는 불순한 동기가 묻어 있을 수 있다. 수시로 변화하는 동기를 하나님의 뜻에 비추어 분별할 수 있어야 한다. 그리고 하나님 앞에서 우리의 동기를 새롭게 해야 한다. 불순한 동기가 섞여 있을까 봐 아무런 시도조차 하지 못하는 '순수한 사람'들이 있다. 걱정하지 말라. 하나님의 뜻이라면 순종하라. 불순한 동기가 올라올 때마다 하나님 앞에 나아가 자복하고 마음을 새롭게 하라.

창조적 상상력으로 승리를 구상하라

골리앗 앞에 선 사울과 이스라엘 백성은 골리앗의 모습에 완전히 압도당했다. 그들의 마음은 골리앗에 대한 두려움에 사로잡혔다. 그럴 수밖에 없기도 했는데, 골리앗은 어마어마하게 컸다. 어떤 번역본은 키가 2미터가 넘는다고 쓰고 있고, 또 어떤 번역본은 3미터 가까이 된다고 쓰고 있다. 사기를 떨어뜨리는 소문이 영내에 돌고 있었다. 골리앗은 어린 시절부터 전쟁터에서 영웅이었다. 창날 무게만 11킬로그램에, 57킬로그램의 갑옷만 바라보아도 그에게 대적할 생각을 감히 할 수 없을 정도였다. 이건 뭐, 사람이 아니다. 그들의 마음은 승리가 아닌, 온통 골리앗에게 점령당했다. 그들이 골리앗을 이긴다는 것은 감히 상상도 할 수 없는 일이다.

그러나 승리는 승리를 꿈꾸는 데서 시작된다. 승리할 것을 기대하지도 않는데 어떻게 이긴단 말인가? 골리앗의 거대함과 강력한 힘에 마음을 빼앗기면 두려워 움츠러들 수밖에 없을 것이다. 그들은 승리할 것이라는 생각 자체를 해보지 않은 것 같다. 게다가 골리앗은 이스라엘의 상상력뿐 아니라 전장의 규칙까지 지배했다.

> 너희는 한 사람을 택하여 내게로 내려 보내라 그가 나와 싸워서 나를 죽이면 우리가 너희의 종이 되겠고 만일 내가 이겨 그를 죽이면 너희가 우리의 종이 되어 우리를 섬길 것이니라(삼상 17:8-9, 개역개정).

골리앗은 싸움의 규칙을 스스로 정했다. 일대일로 붙자는 것이다. 이 싸움의 규칙은 절대적으로 골리앗 자신에게 유리한 것이었다. 3미터에 육박하는 사람과 일대일로 싸우면 누가 유리하겠는가? 사울과 이스라엘은 골리앗이 정한 싸움의 규칙 너머를 상상하지 못했다. 이것은 당시 전쟁에 나선 부족들 간에 자주 있던 규칙이기도 했다. 부족을 대표하는 전사를 뽑아 그들이 싸우는 대리전을 벌이는 것이다. 선발된 전사들이 육박전을 벌여 승부를 가리게 된다. 이는 당시 일반적인 전쟁의 규칙이기도 했으므로 이스라엘은 그 이상을 생각할 수 없었다.

이길 수 없다는 믿음은 그들의 무의식까지 지배했다. "그는 어려서부터 용사"(삼상 17:33, 개역개정)다. 한 번도 져 본 적 없는 타고난 전사다. 이스라엘은 이 말을 내면화했다. 그들은 골리앗을 이길 수 없을 것이라 믿었다. 골리앗의 전설은 그들의 마음을 지배하는 신화가 되었다.

그러나 다윗은 골리앗의 덩치는 물론이고 골리앗이 정한 전장의 규칙에도 지배당하지 않았다. 다윗은 골리앗이 타고난 전사이므로 결코 이길 수 없을 것이라는 이스라엘의 믿음을 믿지 않았다. 그는 골리앗에게 마음을 빼앗기지도, 골리앗이 정한 규칙에 굴복하지도 않았다. 그는 승리의 길을 모색했고, 창조적인 방법으로 싸웠다. 스테판 에셀은 말한다.

> 창조, 그것은 저항이며,
> 저항, 그것은 창조이다.[4]

한국 교회에 대한 비관적인 전망들이 쏟아져 나온다. 개신교에 대한 국민들의 생각은 부정적이다 못해 적대적이기까지 하다. 대학생 선교 단체에 학생이 모이지 않고, 청년 대학부가 없는 교회도 부지기수다. 더욱 심각한 문제는 한국 교회 안에서 어린이를 찾아보기가 힘들다는 것이다. 교회학교가 사라지고 있다. 이런 상황이라면 30년 후 이 땅에서 과연 교회를 볼 수 있을까?

월터 브루그만은 우상이 사로잡은 상상력은 새로운 꿈을 꾸지 못하게 한다고 했다.[5] 두려움과 비관적 전망에 압도당한 사람들은 하나님의 승리를 상상하지 못한다. 하지만 하나님의 백성은 새로운 꿈을 꾼다. 우리가 새로운 꿈을 꿀 수 있는 것은 바로 하나님 자신과 그분의 말씀 때문이다. 하나님의 말씀은 세상에 사로잡힌 우리의 상상력을 해방시킨다.

이스라엘 백성이 포로 신세일 때에도 선지자들은 그들에게 하나님이 새 일을 시작하실 것이라고 말했다. 선지자들이 말한 새로운 일은 바로 새로운 세상의 창조였다. 하나님의 정의와 공의가 실현되는, 이사야의 표현을 빌리자면, 하늘이 위에서부터 정의를 비처럼 쏟아져 내리게 하고, 창공이 정의를 부어내려 땅에서 구원이 싹나고 공의가 움돋는, 그런 새로운 세상의 창조였다(사 45:8). 그리고 그 일은 바로 "지렁이 같고, 벌레 같으며, 상한 갈대와 꺼져 가는 심지"처럼 여겨지는 그들을 통해 이루어질 것이라고 예고했다. 하나님의 말씀은 그들로 새로운 일을 상상할 수 있게 했다.

새로운 일을 시작하려면 새로운 상상력이 필요하다. 다윗이 골리앗의 신화와 압도적인 모습에 마음을 빼앗기지 않을 수 있던 것은 그의 일상을 통해 기도하고 노래하며, 묵상하고 찬미하는 가운데 형성된 '믿음의 상상력'이 있었기 때문이다. 그의 '상상력' 속에는 골리앗이 아닌 하나님이 자리 잡고 있었다. 유진 피터슨의 말을 들어 보자.

> 평상시 늘 하나님의 장엄하심을 경배해 온 그에게는 보이지 않는 하나님의 사랑이 보이는 곰의 사나움보다 훨씬 더 실제적이었다. 기도하고 노래하며, 묵상하고 찬미하는 가운데 형성된 그의 상상력 속에는 양, 곰, 사자를 모두 압도하는 더 크고 거대하며 강한 무언가가 자리 잡고 있었다. 바로 하나님이었다.[6]

그의 상상력은 일상을 살아가는 현실 속에서 하나님을 체험함으로 형성된 것이었다. 이러한 상상력은 일상에서 하나님의 임재를 철저하게 훈련한 사람들만이 가질 수 있는 능력이다. 즉, 세상에 압도당하지 않고 하나님께 사로잡혀 거룩한 승리를 꿈꿀 수 있는 사람이 승리할 수 있는 것이다.

예수님은 제자들에게 "구하고, 찾고, 두드리라"고 말씀하셨다. 이 말씀은 그저 하나님이 우리의 기도를 들어주신다는 의미가 아니다. 하나님 나라를 실현하는 일이 좁은 길, 좁은 문처럼 어려워 보일지라도, 하나님은 구하고 찾고 두드리는 자에게 그 길을 발견하고, 얻으며, 열리게 하신다는 것이다. 패배주의에 빠지지 말자. 길을 찾고, 문을 두드리고, 필요한 자원을 구하자. 선하신 하나님이 우리에게 승리를 위한 창조적 상상력을 주실 것이다.

새로운 교회를 꿈꾸자. 어린이와 청소년, 청년, 그리고 교회에 냉담해진 중년과 장년들이 교회로 돌아오는 꿈을 꾸자. 그들이 돌아와 어떤 교회를 이루게 될지 상상해 보자. 그리고 다윗처럼 전장의 규칙에 지배당하지 말고 새로운 전략을 담대하게 구사해 보자. 교회를 낙담시키려는 사탄의 궤계에 저항하자. 그리고 위대한 꿈을 꾸고 담대한 전략으로 승리를 결실하자.

다윗이 골리앗을 이길 수 있다고 말했을 때 사람들은 그를 비웃었을 것이다. 그럴수록 그는 하나님을 더욱 신뢰하였다. 다윗이 이스라엘 군인들에게 묻는 내용을 살펴보라.

"저 블레셋 사람을 죽이고 이스라엘이 받는 치욕을 씻어 내는 사

람에게는, 어떻게 해준다구요?"(삼상 17:26)

그의 모습은 거만하리만치 자신만만했다. 이길 것을 상상했기 때문이다. 그는 승리할 것에 초점을 맞추었다. 그리고 자신이 승리할 수 있는 방법으로 싸웠다.

작은 승리의 경험을 쌓으라

다윗이 자신의 승리를 확신할 수 있었던 것은 그의 경험에서 나온 것이었다. 그는 몽상가가 아니었다. 승리해 본 경험이 있는 현실적인 사람이었다. 결국 누가 믿음의 승리를 쟁취하는가? 지금의 삶 속에서 작은 승리를 축적해 가고 있는 사람이다. 다윗이 처음부터 사자와 곰을 쳐 죽일 수 있던 것은 아니었을 것이다. 그러나 일상에서 점차 많은 승리를 경험하면서 승리는 그의 확신이 되었을 것이다.

말씀대로 사는 것이 그리스도인의 승리라면 삶의 작은 영역에서 말씀을 따라 살아 보는 작은 승리의 경험을 축적하는 것이 중요하다. 많은 사람이 하나님이 자신을 통해 일하실 것을 기대한다. 부흥이 '나로부터 시작'되기를 소망하기도 한다. 그러나 정작 익숙한 환경에서 일어나는 작은 일들에서는 말씀에 순종하지 않는다.

다윗은 주어진 삶의 자리에서 그가 할 수 있는 일에 최선을 다해 순종했다. 맹수가 찾아오면 돌을 던지고, 막대기로 짐승의 콧등을 때려 물리쳤을 것이다. 힘이 자랐을 때에는 스스로 승패를 가늠했을 것이고, 해볼 만하다 판단이 서면 도전하고 싸워 이겼을 것이다.

"임금님의 종인 저는 아버지의 양 떼를 지켜 왔습니다. 사자나 곰이 양 떼에 달려들어 한 마리라도 물어 가면, 저는 곧바로 뒤쫓아 가서 그 놈을 쳐 죽이고, 그 입에서 양을 꺼내어 살려 내곤 하였습니다. 그 짐승이 저에게 덤벼들면, 그 턱수염을 붙잡고 때려 죽였습니다. 제가 이렇게 사자도 죽이고 곰도 죽였으니, 저 할례받지 않은 블레셋 사람도 그 꼴로 만들어 놓겠습니다"(삼상 17:34-36).

다윗의 승리는 하루아침에 이루어진 것이 아니다. 객기를 부리다가는 죽을 수도 있다. 다윗의 결정적인 승리는 일상에서 작은 승리의 경험들이 축적된 결과였다. 자신의 승리를 확신할 수 있었던 것은 하나님이 함께하셔서 이겨 본 작은 승리의 경험들이 축적된 결과였지, 그날 이루어진 믿음의 결단 때문이 아니었다.

토라진 친구 혹은 배우자에게 먼저 다가가 커피 한 잔 내밀기, 까닭 없이 나를 싫어하는 사람의 마음을 돌려놓기, 사무실에서 정의롭지 못한 일이 일어날 때 사람들의 마음을 모아 저항해 보기, 주위의 결손 가정 아이를 찾아 멘토가 되어 주기, 무시당하고 있는 메시지에 반갑게 댓글 달아 주기, 소비를 줄여 필요한 형제에게 익명으로 헌금하기, 악을 악으로 갚지 않고 선으로 되돌려 주기, 정의와 공의를 위해 일하는 정당에 투표하기 등 우리가 일상에서 승리할 수 있는 하나님 나라의 작은 일은 많다.

이렇게 축적된 승리의 경험들은 거대한 대적 앞에 섰을 때 자신감과 지혜를 제공해 줄 수 있다. 그때 무엇으로 이겼는지, 어떤 방법으로 이겼는지, 시간은 얼마나 걸렸는지를 가늠해 보는 것이다. 승리하게 하신 경험을 되살려 보라. 하나님은 또다시 이기게 하실 것이다.

담대하고 새로운 전략을 구사하라

사울은 다윗을 위하는 마음으로 자신의 갑옷과 무기를 주었다. 아동들을 위한 그림 성경책을 보면 커다란 갑옷을 뒤집어 쓴 다윗의 그림이 종종 등장한다. 그러나 성경은 사울의 갑옷이 컸다고 쓰지 않고, "익숙하지 않았다"고 쓰고 있다(삼상 17:39). 다윗의 신체는 사울만큼이나 건장했다. 문제는 그 갑옷이 다윗에게 불편한 복장이었던 것이다. 다윗은 그것을 벗어 버린다. 그리고 자신이 잘 다룰 수 있었던 물맷돌을 선택한다.

고정관념은 우리의 강점과 잠재력을 구속해 힘을 발휘하지 못하게 한다. 전투를 하려면 갑옷을 입고 칼을 들고 나가 싸워 이겨야 한다는 룰을 누가 정한 것인지 모르지만, 철저하게 골리앗 중심의 이러한 룰이 전장을 지배하고 있었다. 사울도 그렇게 생각했다. 전투에 나가는 사람은 갑옷을 입고 칼이나 창을 들고 나가야 하는 것이다. 허나, 다윗은 다르게 싸웠다.

첫째, 다윗은 주도적으로 싸웠다. 그는 주도적으로 전투 방식을 결정했다. 다윗 시대에도 물맷돌 부대가 있었다. 이들은 주로 원거리 전투에 활용되었다. 그러나 다윗은 물맷돌을 일대일 대결에 활용하기로 했다. 물맷돌을 던질 때 갑옷은 오히려 방해가 된다. 그는 자기 방식대로 싸웠다. 전장에 끌려 다니지 않았고, 사람들의 상식이라는 것에 방해받지도 않았다. 다윗은 전장을 주도했다.

둘째, 다윗은 자신의 강점을 최대한 활용했다. 골리앗은 무거웠고 다윗은 가벼웠다. 게임의 룰이 바뀌면 강점이 약점으로 바뀔 수 있다. 백병전에서야 무거운 갑옷과 무기가 최고의 작전이겠지만, 투석전에서는 가벼운 것이 최고다. 무거운 칼과 창을 휘두르려면 거구가 강점이지만 원거리에서는 무용지물이다. 다윗은 자신의 강점을 최대한 활용할 수 있는 방법을 선택했고 성공했다.

셋째, 다윗은 자신에게 맞는 목표와 작전을 세웠다. 물맷돌로 적을 기절시킨 후에 골리앗의 칼로 그의 목을 벤다. 칼로 싸워 누가 골리앗을 이기겠는가? 다윗은 이길 수 있는 목표를 선택했고, 바로 그 목표를 이루기 위한 작전을 수립했다. 남이 만들어 준 목표, 남이 짜 준 계획과 방법은 그 사람의 것이다. 사울의 갑옷은 사울에게 돌려주라. 과거 승리의 경험을 바탕으로 승리할 수 있는 목표와 전략을 수립하고 실행하라.

늘 패배하면서도 같은 전략을 구사하는 것은 미련한 짓이다. 우리에게는 승리를 위한 상상력에서 나오는 담대하고 새로운 전략이 필요하다. 주님은 구하고, 찾고, 두드리라고 말씀하셨다. 주님은 그들에게 하나님 나라를 살아 낼 수 있는 자원들을 허락하실 것이다.

승리를 꿈꾸는 것으로부터

미국의 한 교회에서 실화를 바탕으로 만들었다는 영화 〈믿음의 승부〉(Facing the Giants)는 만년 꼴찌를 하던 한 기독학교의 미식축구 팀 이야기다. 샤일로기독학교의 미식축구 팀 이글스는 계속되는 패배로 사기가 죽어 있다. 게다가 실력 있는 선수는 전학을 가 버린다. 그들은 승리를 꿈꿀 수 없는 상황이다. 그런데 그런 팀이 어떻게 미국 고교 미식축구 챔피언이 될 수 있었을까? 솔직히 나는 이 영화 배후에 깔린 성공주의적 세계관에 대해서는 비판적이다. 그래서 영화를 보는 내내 툴툴거렸다. 그런데 영화에서 내 눈을 사로잡은 한 장면이 있었다.

팀의 중심 역할을 맡아 주어야 할 브록이 흔들리자 감독은 브록과 동료 제레미를 불러낸다. 그들은 승리할 것을 전혀 꿈꾸지 않고 있었다. 감독은 브록의 눈을 가리고 친구를 등에 업은 채 무릎이 땅에 닿지 않게 기어서 50야드를 가라고 지시한다. 그리고 브록에게 최선을 다하라고 지시하고 그를 응원한다. 브록이 힘이 빠지자 감독이 옆에서 외쳐댄다. "계속 가, 계속! 젖 먹던 힘까지 다하라고! 포기하지 마! 멈추지 말고, 계속 가!" 패배를 확신하고 있던 선수들이 한 명씩 일어나서 그 장면을 바라본다. 브록의 눈을 가린 손수건이 벗겨지자 그는 축구장 맨 끝에 와 있는 자신을 발견한다. 불가능해 보이던 미션을 완수한 것이다. 그들은 함께 승리를 꿈꾸기 시작한다. 모든 승리는 승리를 꿈꾸는 것에서 시작된다.

하나님의 승리를 위해, 하나님의 이름으로 나아가는 우리에게 하나님은 광야에 길을 내고, 강물을 말리며, 산들을 깎아 내서라도 우리가 가는 길을 도우실 것이다. 만약 누군가가 나에게 한국 교회가 다시 살아날 수 있는 전략이 무엇이냐고 묻는다면, 그 전략이 무엇인지 말해 줄 능력이 내게는 없다. 그러나 하나님은 그분의 이름을 위한 거룩한 분노와 순전한 동기를 가진 사람들과 교회들에게, 그리고 창조적인 상상력으로 새로운 교회를 꿈꾸며 이 시대에 적합한 전략을 찾는 이들에게 반드시 그 길을 보여 주시리라 믿는다. 하나님은 하나님의 승리를 믿는 자들에게 승리를 허락하시는 분이기 때문이다.

나는 이기고 싶다. 어둠을 이기고 빛을 비추고 싶고, 탐욕으로 찌든 세상에 사랑으로 가득한 진짜 세상인 교회를 세우고 싶다. 잠시 존재하다가 소멸할 교회가 아닌 이기는 교회를 세우고 싶다. 우리끼리 행복한 교회가 아닌 역사의 물꼬를 트고 도도히 흐르는 강물 같은 흐름을 만들어 내는 그런 교회를 세우고 싶다. 이길 수 있을까? 양치기 소년 다윗은 이겼다.

(5장)

깨어짐
깨뜨리기보다 깨어지는 것을 택하라

다윗은 거기에서 떠나, 아둘람 굴속으로 몸을 피하였다. 그러자 형들과 온 집안이 그 소식을 듣고, 그곳으로 내려가, 그에게 이르렀다. 그들뿐만이 아니라, 압제를 받는 사람들과 빚에 시달리는 사람들과 원통하고 억울한 일을 당한 사람들도, 모두 다윗의 주변으로 몰려들었다(삼상 22:1-2).

"고난을 환영하세요. 고난이 다가오면, 아! 드디어 내게도 고난이 오는구나, 나도 이제 성장하는구나, 기뻐하세요." 대학에 다닐 때 내 스승이신 박영덕 목사님이 유쾌한 표정을 지으며 자주 하신 말씀이다. 이 무슨, 개가 풀 뜯어 먹는 소린가? 이해가 되지 않았다. '왜 고난을 환영하라고 하지? 안 그래도 힘든 인생인데, 예수님을 믿으면 고난을 없애 주거나 뭐 그런 거 아니었어?'

그러다 몇 번의 시련을 겪으면서 깨달은 것이 있다. 사람은 고난이 없으면 변화하려 하지 않는다는 것이다. 부끄럽지만 20대의 나는 열등감과 고립감에 시달리고 있었다. 왜 내 사랑은 늘 짝사랑으로만 끝나는가? 이성뿐 아니라 동성을 둘러봐도 내 주변에는 정말 친하다고 느낄 만한 사람이 없었다. 그러면서도 사람들 곁으로 다가가는 것이 두려웠다. 지금 생각해 보면, 잔뜩 부풀어 오른 복어처럼 내 마음에는 약이 올라 길고 날카로운 가시들이 돋아나 있었던 것 같다. 그러니 사람들이 가까이 다가올 리 없었다. 외로웠다.

서른에 결혼하고 나서도 그런 나의 모습은 잘 변화되지 않았다. 나랑 살을 맞대고 가장 가까이 살아야 하는 아내가 가장 많은 상처를 받았다. 그날도 아내가 울면서 내게 말했다. "내가 당신을 사랑하는 게 얼마나 어려운지 알아요? 한겨울에 꽁꽁 얼어붙은 바위 덩어리를 끌어안고 녹이는 것 같아. 당신을 사랑하느라 내 가슴이 다 얼어붙었어." 그 말을 듣고 속으로 '내가 뭘 그리 잘못했다고 그래?'라는 생각이 들기는 했지만 사실이었다. 인정하기 싫었지만 엉망진창인 내 대인 관계가 그것을 말해 주고 있었다. 고통스러웠다. 살아남으려면 변해야 했다.

우리의 뇌는 게을러서, 변화하지 않아도 그냥저냥 살 수 있으면 현 상태를 유지하려 하지, 변화에 따르는 비싼 대가를 지불하지 않으려 한다. 아내와의, 또한 가까운 사람들과의 어려운 관계는 그간 내가 살아온 삶과, 인간관계를 맺는 방식을 되돌아보게 해주었다. 고난은 자기중심적으로 보던 세계를 다른 관점에서 바라볼 수 있게 해준다.

자신을 보호하기 위해 단단한 자아의 껍질을 만들고 그 안에 살고 있던 나는 타인의 고통에 둔감했다. 그런데 어느 순간, 내 아집의 단단한 껍질이 떨어져 나가기 시작했다. 고통은 나를 깨어지게 만들었고, 나는 살아남기 위해 변화해야 했다.

아내가 상처받은 이유가 바로 나 때문이라는 것, 친밀했던 동역자들이 멀어져 가는 이유가 바로 나 때문이라는 것을 인정해야만 했다. 껍질 속에 웅크리고 있는 진짜 자기의 모습을 발견하려면 자신을 보호하기 위해 만든 단단한 껍질을 깨뜨리고 벌거벗어 연약한 자신의 속살을 드러내야만 한다.

나는 변화되지 않으면 안 되었다. 변화되기 위해 공부해야 했다. 변화를 위해서는 그 분야의 책을 읽고, 강의를 듣고, 사람을 만나는 것 외에 다른 길이 없다. 나의 편견과 무지가 깨져 나갔다. 깨어짐을 통해 나는 타인의 고통과 상처에 공감하는 법을 배우게 되었다. 고통과 배움을 통해 나의 옛 세계는 깨어졌고, 마음과 세계는 더 크게 자랐다. 고난을 통한 깨어짐이 없었다면, 나는 옛 세계가 만든 단단한 껍질 속에서 질식해 죽었을지도 모른다.

고난으로 깨어지다

깨어지지 않은 사람은 위험하다. 깨어지지 않은 사람은 자신뿐 아니라 자신이 사랑하는 사람들과 자신을 사랑하는 사람들까지도 위험에 빠뜨린다. 사울은 자신이 깨어지지 않기 위해 충신 다윗을 죽이려 했고, 다윗을 도운 무고한 제사장들을 죽였다. 뿐만 아니라 사랑하는 자녀들조차도 자신을 지키기 위해 이용했다. 사울은 자신의 깨어짐을 허용하지 않았다. 깨어지기를 거부한 사울은 결국 다른 사람들을 깨뜨림으로 자신을 지키는 길을 선택했다.

깨어짐이란 자기 학대나 자기 멸시가 아니다. 깨어짐은 악한 자들에게 이용당하거나 해를 입는 것을 방치하는 것도 아니다. 예수님이 가르쳐 주신 주기도의 "다만 악에서 구하옵소서"라는 간구는 악한 자들에게서 보호해 달라는 청원의 기도다.

깨어짐이란 하나님께 자신을 내어 맡김이다. 하나님을 신뢰함으로 조각가이신 그분께 우리 자신을 내어 드리는 것이다. 그분은 나를 본연의 모습, 내가 될 수 있는 최고의 모습을 알고 계시며, 그 모습으로 만드실 수 있는 분이다.

내가 존경하는 기독교인 조각가 오의석 교수님은 일상의 재료들로 아름다운 조각상들을 만들어 내신다. 오 교수님의 손에서는 평범한 흙덩이도, 버려진 철조망도 특별하고 아름다운 조각상으로 거듭난다. 훌륭한 조각가들은 재료의 속성을 잘 알아서 그 재료가 어떤 형태를 가질 때 가장 아름다울 수 있는지, 그리고 삶의 깊은 신비와 의미를 가장 잘 담아낼 수 있는지를 알고 있다. 구부리고, 잘라 내고, 깨어 내고, 깎아 내고, 덜어 내고, 붙이는 과정을 통해 본연의 모습이 그 아름다움을 드러낸다. 해서 깨어짐이란 모든 상황에서 자신이 아닌 하나님의 뜻에 자신을 의탁하는 것이라 할 수 있다.

고난은 하나님의 조각도다. 하나님은 고난을 통해 우리를 깨뜨리신다. 깨어짐은 하나님의 뜻을 행하기 위해 고난을 견디는 것이다. 짓밟히고, 무고한 공격을 받고, 배신을 당한다 할지라도 내가 하고 싶은 대로가 아닌 하나님의 뜻을 행하며 나를 향하신 하나님의 뜻이 이루어지기까지 견디는 것이다.

하나님이 우리를 깨뜨리시는 도구는 주로 사람들이다. 믿었던 사람의 배신, 낮아지게 하심, 무시당함, 잊힘, 홀로 남겨짐과 같은 날카롭고 단단한 것들로 우리를 깨뜨리신다. 하나님은 당신의 조각 칼로 우리의 자아 숭배를 깨뜨려 하나님을 바라보게 하시고, 우리의 깨어진 영혼에서 당신의 사랑이 흘러나오게 하신다.

하나님이 우리를 깨뜨리기 위해 고난의 도구로 사용하시는 사람들 중에는 관계 맺기 어려운 사람, 원수, 우리를 이용하려 드는 사람 등이 있다. 이들은 한 사람일 수도 있고, 여러 사람일 수도 있다. 우리가 살면서 만나는 어려운 사람들은 우리를 깨뜨리기 위해 하나님이 허락하신 도구일 수 있다. 특히 우리에게 허락하신 권위자들, 예컨대 부모님, 목회자와 영적 리더, 직장 상사 같은 이들은 하나님이 우리의 성숙을 위해 깨어짐의 도구로 허락하신 이들일 수 있다. 이들에 대한 우리의 태도는 향후 우리가 어떤 사람이 되느냐를 가늠할 수 있는 중요한 잣대가 된다.

하나님의 위대한 사람들 중에 깨어지지 않은 사람은 없었다. 모세를 보자. 그는 이집트의 왕자였지만 하나님은 그를 광야에서 아무것도 아닌 존재가 될 때까지 깨뜨리셨다. 요셉은 또 어떤가? 그는 귀한 집에 사랑받는 아들로 태어났지만 노예로 팔려 간 것도 모자라 강간범으로 몰려 감옥에까지 내려갔다. 성경에서 가장 낮은 곳으로 내려간 이는 요나다. 하나님은 자기 의에 사로잡혀 있던 요나를 바다에 던지신다. 바다 맨 밑바닥까지 내려가 죽음의 문턱에서 다시 하나님의 은혜를 구했을 때 그를 사용하신다(욘 2:1-10). 버림받음, 외로움, 배신, 무시당함, 잊힘……. 하나님은 이런 것들로 그들을 깨뜨리셨다. 하나님은 사울을 통해 다윗을 깨뜨리셔서 왕적인 성품을 빚어 가셨다.

그러하지 않음에도 사랑하라

우리는 상대방이 그의 위치에 걸맞은 모습을 보여야만 그를 사랑하거나 존경할 수 있다고 생각한다. 부모가 부모다워야 순종하고, 남편이 먼저 사랑을 해야 섬기고, 자녀가 효도를 해야 사랑받을 만하다고 믿는다. 그들이 우리에게 '먼저' 합당한 태도를 보이지 않으면 그들을 존중하거나 사랑하지 않아도 괜찮다고 생각하는 것이다.

상대가 어떤 상태에 있든, 우리는 우리가 해야 하는 일을 하면 된다. 우리가 해야 할 일은 사랑하는 것이다. 적개심을 가지고 나를 대하는 사람, 가까이 다가가 성실하게 섬겨도 그 마음 하나 알아주지 않는 냉담한 사람, 미운 털 하나를 나의 콧등에 아예 콕 박아 놓고 대놓고 나를 싫어하는 사람을 선대하기란 여간 어려운 일이 아니다.

깨어짐이란 상대방이 나에게 보여 마땅한 태도를 보이지 않을 때에도 보복이나, 상한 감정에 지배당하지 않고 사랑하기로 결단하는 것이다. 우리가 적들을 용서하고 사랑해야 이유는 그들에게서 자유와 해방을 얻고, 하나님의 뜻을 행하기 위함이다. 누군가를 죽도록 미워하는 사람의 마음속 주인공은 바로 그가 그토록 미워하는 사람이다. 미움의 강도가 더할수록 우리는 미워하는 사람에게 영혼을 빼앗긴다.

그러나 다윗의 선택은 달랐다. 인정하기커녕 창을 던지고 자신을 죽이려 드는 사울을 다윗은 끝까지 사랑한다. 아마도 이 일은 마음이 상하고, 견디기 힘든 일이었을 것이다. 그러나 다윗은 서운한 감정과 분노에 지배당하지 않았다. 권위자인 사울이 자신을 어떻게 생각하고 평가하든 개의치 않았다. 윗사람의 상태가 어떠하든, 그가 자신을 어떻게 대하든 상관없이 성실하게 그를 섬겼다.

우리는 왕이 왕답지 못해도 그를 위해 수금을 연주할 수 있다. 스승이 스승답지 못해도 그를 존중할 수 있다. 남편이 남편답지 못해 무시하더라도 사랑할 수는 있다. 베드로는 말했다.

그러므로 하나님의 뜻대로 고난을 받는 자들은 또한 선을 행하는 가운데에 그 영혼을 미쁘신 창조주께 의탁할지어다(벧전 4:19, 개역개정).

바로 이것이 깨어짐이다. 상한 마음이나 악한 분노, 심지어 상대방에게 지배당하기를 거부하고 하나님의 뜻을 따라 사랑하기를 포기하지 않는 것이다.

사울이 미친 이유는 깨어지기를 거부했기 때문이다. 자기 보호

본능을 넘어 다윗에게 창을 던지는 대신 칭찬과 격려를 퍼부었다면 어떻게 되었을까? 청년 다윗의 멘토가 되어 그를 위대한 왕으로 키워 주었다면 사울에 대한 평판은 어떻게 달라졌을까? 겸손하게 하나님의 뜻을 받들어 후일 다윗에게 자신의 왕위를 이양했다면 또 어떻게 되었을까? 사울은 아마도 이스라엘 역사상 가장 위대한 왕이 되었을지 모른다. 하지만 그는 자신을 깨뜨리기보다 자신을 위협하는 존재를 깨뜨리려 하였다. 그 결과 그의 영혼은 악령에게 점령당했다.

다윗은 사울을 사랑했다. 다윗은 사울 곁에서 그를 위해 최선을 다해 수금을 연주했다. 사울의 성공을 진심으로 바랐다. 사울에게 부여받은 임무는 최선을 다해 성공시켰다. 그러나 사울은 자신을 사랑하고 자신에게 충성을 다한 다윗에게 창을 던졌다. "창이 하프에게 싸움을 걸었다."[1] 당신이 섬기는 왕이 당신에게 창을 던진다면 어떻게 하겠는가? 자신을 위해 수금을 타고 있는 나에게 창을 겨누고 던져 대는 왕을 향해 나는 어떻게 해야 할까? 분명한 것은, 다윗이 만약 자신에게 창을 던진 사울에게 마음을 지배당했다면 그 역시 사울처럼 되었으리라는 것이다.

다윗의 위대한 점, 그가 왕다운 왕일 수 있었던 것은 그의 마음이 사울에 대한 분노나 복수심 혹은 섭섭함에 사로잡히지 않았다는 것이다. 그는 자신의 마음을 들어 올려 하나님을 바라보았다. 그는 사울을 깨뜨리려 하지 않았다. 그는 자신이 깨어지는 쪽을 선택했다. 그리고 그는 왕 같은 왕이 되었다.

우리도 이런 일을 종종 겪는다. 사랑하고 돌보았던 사람들에게서 인정과 칭찬이 아니라 도리어 독이 묻은 창들이 날아올 때가 있다. 사람들은 보통 이런 일을 당하면 보복을 생각한다. 자신에게 창을 던져 대는 사울을 다윗이 공격했다 하더라도 충분히 정당방위가 인정되었을 것이다. 그러나 다윗은 그렇게 하지 않았다. 다윗은 피했다. 사울이 그를 죽이려는 것이 확실해질 때까지는 그의 곁에 머물렀다. 게다가 다윗은 두 번이나 사울을 살려 주었다. 엔게디 광야의 동굴 속에서, 그리고 여호와께서 그들을 불가사의한 깊은 잠에 빠지게 하셨을 때다.

하루는 사울이 동굴로 들어와 볼일을 보고 있었다. 사울을 제거할 수 있는 절호의 기회였다. 부하들은 다윗에게 말했다.

"드디어 주님께서 대장님에게 약속하신 바로 그날이 왔습니다. '내가 너의 원수를 너의 손에 넘겨줄 것이니, 네가 마음대로 그를 처치하여라' 하신 바로 그날이 되었습니다"(삼상 24:4).

그러나 다윗은 하나님이 세우신 왕 사울을 치지 않는다.

또 하루는 여호와 하나님이 사울과 그의 일행을 신비로운 잠에 취해 죽은 듯이 잠들게 하셨다. 사울의 물병과 무기를 가져가도 아무도 모르고 알아채지 못할 그런 깊은 잠이었다. 이때도 아비새가 말했다.

"하나님이 오늘, 이 원수를 장군님의 손에 넘겨주셨습니다. 제가 그를 당장 창으로 찔러 땅바닥에 박아 놓겠습니다. 두 번 찌를 것도 없이, 한 번이면 됩니다"(삼상 26:8).

이 두 번의 기회 모두 여호와 하나님이 허락하신 것만 같았다. 상상력이 부족한 우리도 이러한 상황이 닥치면, 하나님이 복수를 위한 기회를 주셨다고 생각할 것이다. 그러나 다윗은 달랐다. 그는 사울을 처단하지 않았다. 그는 스스로 왕이 되려 하지 않았다. 다윗은 시험을 이겨 냈다. 사실, 반역과 보복은 언제나 정당성이라는 이름의 함정을 내포하고 있다.

하나님이 사울을 동굴로 보내신 이유, 사울과 그의 군사들이 기이한 잠에 빠진 이유는 바로 다윗의 '선의'를 드러내기 위한 것이었다. 다윗은 정의롭고 선한 사람이다! 후일 그가 왕이 되어도 좋을 사람으로 인정받게 하시려는 것이었다.

베드로는 그리스도인들에게 동정심과 사랑과 긍휼과 겸손한 마음을 지켜 내고, 악을 악으로 갚거나 모욕을 모욕으로 갚지 말고 복을 빌어 주라고 말한다(벧전 3:8-9). 더 나아가 정의를 위해 살다가 고난을 받더라도 두려워하지 말고, 선한 양심을 지켜 내라고 말한다. "그리하면 그리스도 안에서 행하는 여러분의 선한 행실을 욕하는 사람들이, 여러분을 헐뜯는 그 일로 부끄러움을 당하게 될 것"(벧전 3:16)이라고 약속한다.

우리의 본성이 되갚아 주라고 아우성 칠 때, 우리의 본능이 날아든 창을 뽑아 다시 상대방에게 던지고 싶은 충동에 사로잡힐 때, 이것은 복수를 위해 하나님이 주신 절호의 기회라는 생각이 들 때, 우리의 본성을 거슬러 하나님의 뜻을 선택하자. 우리의 영혼을 우리의 창조주에게 맡기고, 우리가 갈 길을 가자. 그들이 우리에게 진 죄책의 빚을 탕감해 주고, 자유롭게 우리가 걸을 길을 걷자. 그 길은 사랑의 길이다.

자신의 왕위를 위해 하나님을 소비한 사울은 딸의 사랑과 다윗의 충성마저도 자신의 욕망을 위해 소비한다. 사울은 다윗을 사랑해서, 다윗을 세우기 위해서가 아니라 죽이기 위해 자신의 딸을 내어 준다. 사울은 자신의 생존을 위해, 왕의 자리에서 살아남기 위해 그렇게 한다. 참으로 쪼잔한 결정이다. 그럴수록 자신의 크기는 점점 쪼그라들고 있었다. 멋있던 사울이 쪼다가 되었다. 사람들의 마음은 점점 사울에게서 멀어져 간다. 사울은 더욱 불안해진다. 자신을 지키기 위해 수단과 방법을 가리지 않는다. 결국 그는 진짜 미쳐 버리고 만다.

그러나 다윗은 사울이 자신을 어떻게 대하든 상관없이 자신의 일을 한다. 다윗이 사울에게 고난받은 이유는 무엇을 잘못해서가 아니었다. 다윗의 행위는 선했다. 다윗은 선했기 때문에 사울에게 미움을 받았다. 사울은 속였지만 다윗은 아랑곳하지 않고 자기의 일을 하며 사울을 사랑으로 섬긴다.

우리는 우리를 소비하려는 사람들을 만난다. 우리에게 끊임없이 도움을 요청하지만 정작 우리의 필요에는 관심을 가지지 않는 사람들도 있고, 우리에게 은혜를 입은 사람들이 우리에게 등을 돌리고 욕을 하며 떠나는 일도 겪는다. 또는 우리가 이용당하고 부품으로 소모되었다는 느낌을 받을 때도 있다. 그러나 포기하면 안 된다. 사랑하기를 포기하지 말자. 신실하게 사랑의 자리를 지키자. 깨어짐을 통해 우리 안에 있는 왕이 자란다.

하나님의 조각도에 나를 맡기다

하나님은 사울에게 죽음이 임박했을 때나 사울이 죽었을 때 다윗을 찾아 기름을 부으실 수도 있었을 것이다. 그러나 그렇게 하지 않으셨다. 다윗에게 먼저 기름을 부어 왕으로 임명하셨다. 그렇게 하신 이유가 무엇이었을까? 왕이 될 운명을 알고 고난을 받아들이는 삶과 그렇지 않은 삶은 분명 달랐을 것이다. 하나님은 다윗이 깨어지는 과정에도 소망을 갖게 하기 위해 그렇게 하셨음이 분명하다. 깨어지고 부서질 때 그것이 우리 안에 있는 왕을 조각해 내기 위한 하나님의 계획임을 알게 되면 기다리고 인내할 수 있다. 하나님을 신뢰하라. 사람들의 조각가이신 하나님은 어떤 부분이 떨어져 나가야 가장 아름다운 사람이 될지를 아신다. 하나님이 조각도로 당신의 일부를 깨뜨려 떼어 내실 때, 두려워하지 말고 당신을 맡기라.

깨어짐을 거부하고 자신을 보호하기 위해 더 깊고 어두운 동굴로 들어갈 수도 있다. 깨어지는 위험과 고통을 회피하기 위해 도망치는 것이다. 회피는 결코 안전한 선택이 아니다. 자신이 파 놓은 깊고 어두운 동굴 속에서 고립된 채로 죽을 수 있기 때문이다. 무인도와 깊은 동굴에서는 사람이 살 수 없다. 다윗이 그랬듯이 고난 속에서 깨어지기를 두려워하지 않고, 하나님의 뜻을 묻고 나아가야 한다. 인생을 살면서 나를 힘들게 하는 사람들과 상황을 영원히 피해 다닐 수는 없다.

해결책은 성장하는 것이다. 고난을 이겨 낼 인내, 힘, 지혜, 그리고 성품을 가지는 것이다. "여러분은 믿음의 시련이 인내를 낳는다는 것을 알고 있습니다. 여러분은 인내력을 충분히 발휘하여, 조금도 부족함이 없이 완전하고 성숙한 사람이 되십시오"(약 1:3-4). 우리는 깨어짐을 통해 아름답게 만들어진다.

하나님을 예배하기 위해 자아 숭배를 깨다

깨어지지 않은 영혼은 자아 숭배자다. 사울은 자신이 세상의 중심이 되어야 했다. 자아 숭배에 빠진 사울은 자신의 지위와 안전에 위협이 된다고 생각되는 다윗을 죽여 없애려 한다. 온 세계의 유일한 중심이신 하나님의 말씀에도 순종하지 않는다.

창세기에 나오는 라멕은 자아 숭배의 전형을 보여 준다. 그는 아내들에게 말한다. "아다와 씰라는 내 말을 들어라. 라멕의 아내들은, 내가 말할 때에 귀를 기울여라"(창 4:23). 그는 스스로 세상의 중심이 되어 자기의 '말'을 강요한다. 아내들의 말은 존중받지 못한다. 아내들의 말은 들을 생각조차 없다.

라멕이 아내들에게 들으라고 강조하고 있는 내용은 이것이다. 그는 자신에게 상처를 입힌 남자를 죽였고, 자신을 상하게 한 젊은 남자를 죽여 버렸다는 것이다. 가인을 위한 벌이 일곱 배였다면, 자신을 해치는 자에게는 일흔일곱 배로 갚아 주겠다고 아내들에게 말한다. 그는 스스로 심판주가 된다. 그는 스스로 법이 되어 자신에게 해를 끼치는 자들에게는 피비린내 나는 복수를 감행할 것이며, 무참히 살해할 것이라고 선포한다.² 아내들이 왜 이 말을 들어야 하는가? 라멕의 말을 듣지 않으면, 똑같이 죽여 버리겠다는 경고가 아니겠는가?

하나님을 떠난 인간은 모두 스스로 세상의 중심이 되려 한다. 그리고 셀 수 없이 많은 세상의 중심들이 서로 유일한 중심이 되겠다고 투쟁을 벌인다. 세상에서 벌어지는 모든 종류의 폭력과 학살은 바로 이 자아 숭배의 연장에서 나오는 것이다. 자아 숭배에 빠진 인간들은 서로 타인을 지배하려 한다. 세상이 자기 마음대로 돌아가지 않으면 짜증을 내고 분노하며, 조종하고 군림하려 하는 것이다.

하나님이 고난을 통해 깨뜨리시려는 것은 바로 이 자아 숭배다. 다윗은 고난을 통해 깨어진다. 깨어짐을 통해 자아에 집착하지 않게 된다. 자신의 운명이 오직 하나님의 손에 달려 있음을 깨닫는다. 시편 131편은 깨어진 다윗이 부르는 노래다.

주님, 이제 내가 교만한 마음을 버렸습니다.

오만한 길에서 돌아섰습니다.

너무 큰 것을 가지려고 나서지 않으며,

분에 넘치는 놀라운 일을 이루려고도 하지 않습니다.

오히려, 내 마음은 고요하고 평온합니다(1-2절).

교만한 마음은 깨어지지 않은 마음이요, 오만한 길은 자기중심적인 자아의 삶이다. 깨어진 다윗은 하나님만을 의지하고, 겸손히 하나님이 원하시는 길을 걷는다. 결코 자신이 세상의 중심이 될 수 없음을 안다. 온 세상은 그분이 창조하셨고, 그분이 운행하신다. 오직 우리 주 여호와 하나님만이 유일한 세상의 중심이시다. 오직 그분만이 경배받기에 합당하시다.

깨어진 영혼은 하나님을 예배한다. 하나님을 하나님으로 높이는 사람은 순종할 것이다. 하나님을 하나님답게 높여 드리는 것이 예배라면, 진정한 예배는 순종이다. 해서 하나님은 번제보다 순종을 원하신다. 깨어진 영혼을 가진 사람에게 중요한 것은 자기 자신의 입지나 이익, 의견이 아니다. 하나님의 뜻이다. 깨어진 사람은 하나님의 뜻을 묻는다.

우리는 겸손히 하나님의 뜻을 받들 뿐이다. 깨어지지 않은 영혼은 결코 하나님의 뜻을 이룰 수 없다. 하나님이 온 세상의 유일한 왕이심을 깨닫는 자만이 하나님 나라에서 하나님의 뜻을 실현함으로 참으로 왕 노릇 할 수 있기 때문이다.

성장을 위해 자기중심적 프레임을 깨다

서울대학교 심리학과 최인철 교수는 어리석음의 첫째 조건이 바로 자기중심성이라고 말했다.[3] 그는 자신의 저서에서 스탠퍼드대학교에서 이루어진 한 실험을 소개한다. 대학생 두 명을 한 조로 묶어 한 사람은 오직 손가락으로만 연주하고 다른 한 사람은 그 연주가 어떤 노래인지 맞히는 실험이었다. 연주하는 사람의 50퍼센트가 자신이 연주하는 노래를 상대방이 알아맞힐 것이라 예상했지만, 실제로 맞힌 사람은 2.5퍼센트에 불과했다. 우리에게는 자신이 보는 것이 옳다고 믿는 경향이 있다. "나는 있는 그대로의 세상을 보고 있기 때문에, 내 주관적 경험과 객관적 현실 사이에는 어떤 왜곡도 없다"[4]고 여기는 것이다.

깨어지지 않을 때, 자기중심적 프레임에 갇히게 된다. 자기 눈에 보이는 것이 진실의 전부인 줄 아는 것이다. 요사이 '꼰대'라는 말이 유행이다. 위키백과에 따르면, 요즈음 말하는 꼰대란 "자기의 구태의연한 사고방식을 타인에게 강요하는 사람들"을 뜻한단다. 자기중심적 프레임을 떠나지 못하면 꼰대가 된다. 이들은 다른 앵글이나 프레임으로 보는 사람들을 틀렸다고 판단한다. 자신의 프레임이 보여 주는 것만이 진실이라고 믿어 버리는 것이다.

사울은 자신을 위협하는 '적'이라는 프레임으로 다윗을 바라보았다. 그 프레임에 따르면 다윗은 사울의 왕위를 찬탈할 자요, 사울의 가문에 어마어마한 위협이었다. 사울의 프레임으로 보면 다윗은 죽어 없어져야 할 자임이 분명했다. 다윗은 반역자요, 위험인물이었다. 물론 다른 프레임도 있었다. 제사장 아히멜렉은 사울에게 다른 프레임으로 다윗을 보아야 한다고 말했다. 다윗은 모든 신하 가운데서 가장 믿을 만한 사람이며, 왕이 사랑하는 딸의 남편이고, 경호실장이며, 게다가 궁중에서 매우 존귀한 사람이었다(삼상 22:14). 요나단의 프레임에서 바라보아도 다윗은 믿을 만한 충신이었다. 그는 사울을 해칠 사람이 아니라 사울의 나라를 강하게 만들어 줄, 충성스럽고 유능한 사람이었다. 그러나 자기중심적 프레임에 갇혀 있던 사울은 아히멜렉과, 그곳 주민들을 남녀노소 할 것 없이 학살하고, 다윗에게 창을 던져 그를 죽이려 하였다. 자기중심적 프레임에 갇혀 있으면 이렇게 된다.

반면, 다윗의 프레임은 고정되어 있지 않았다. 다윗이 아비가일의 조언을 받아들여 나발의 집을 멸망시키지 않은 것은 그가 아비가일이 보여 준 프레임으로 사건을 바라볼 수 있었기 때문이다. 일대일 대결이라는 프레임에 비추어 모두가 골리앗과의 싸움에서 패배를 필연으로 받아들이고 있던 순간에도 다윗은 다른 프레임으로 그 전투를 바라보았고, 다른 방법으로 싸워 승리할 수 있었다. 사울을 죽일 수 있었지만 죽이지 않은 것도, 그가 하나님의 프레임으로 사울을 바라보았기 때문이다. 사울은 하나님이 세우신 왕이니 하나님이 심판하실 것이다. 나단 선지자에게서 가난한 자가 가지고 있던 단 한 마리 양을 탈취한 불의한 부자가 바로 자신이라는 질책을 듣고 통회한 것은 나단이 제시한 프레임을 수용할 수 있었기 때문이다. 다윗에게도 많은 실수가 있었으나 그는 매번 자기 객관화에 성공한다. 그리고 다시 일어선다. 이것이 다윗의 훌륭한 점이다.

고난은 자기중심적인 프레임을 깨고 나올 수 있는 기회를 제공한다. 나도 사람들과의 관계에서 어려움을 겪으면서 타인의 프레임으로 문제를 보는 법을 배우기 시작했다. 나의 자기중심적 프레임으로 보면, 매일 밤낮없이 집을 비우고 전화도 없이 집에 늦게 들어가는 것은 하나님 나라를 위한 헌신이었다. 하지만 아내의 눈으로 바라본 나는 사랑도, 공감도 할 줄 모르는 무정한 경상도 상남자였다. 아내의 프레임으로 나를 바라보자 내 모습이 보이기 시작했다. 마음을 나눌 줄 몰랐으니, 외로울 수밖에. 나는 그 외로움을 사역으로 메우려 했던 것이다. 나는 변해야 했다. 성숙한다는 것은 타인의 프레임으로 자신을 바라보는 법을 배운다는 것을 의미한다.

자기중심적 프레임이 깨져야 한다. 우리의 자기중심적 프레임이 깨지지 않는다면, 우리도 사울처럼 결정적인 실수를 저지를 수 있다. 고난이 올 때나 사람들과의 관계가 어려워져서 힘들어질 때 필요한 것은 바로 프레임을 바꿔 보는 것이다. 다른 프레임으로 자신을 바라보는 것이다. 그 사람의 맥락에서 그가 한 말과 일들을 해석해 보면, 즉 그 사람의 프레임으로 문제를 바라보면 이해할 수 있다. 또한 공동체의 다른 지혜로운 사람의 프레임으로 바라보라. 하나님의 프레임으로 문제를 바라보라. 프레임이 달라지면, 문제도 다르게 보인다. 거기에서 우리는 새로운 해결책을 찾을 수 있다. 자기중심적 프레임을 깨고 타인의 프레임을 이해하기 위해 기도하자.

될 수 있으면 하나님의 모든 프레임으로 세계를 바라볼 수 있게 해 달라고 청하자. 미로슬라브 볼프 식으로 말하면, 하나님은 단 하나의 프레임이 아니라 모든 프레임으로 보시는 분이다.[5] 하나님은 고난을 통해 우리를 깨뜨려 하나님의 눈을 가진, 완전하고 성숙한 사람으로 자라게 하신다. 시련이 없으면 깨어짐도 없고, 깨어짐이 없으면 성장도 없다.

    닥쳐오는 시련 속에는 우리를 사랑하시는 하나님의 목적이 있다. 우리를 완전하고 성숙한 사람이 되게 하시려는 하나님의 목적이라는 큰 틀에서 보면 시련은 견딜 만한 것이 된다. 시련은 그 목적을 알고 견디게 하여 우리로 완전하고 성숙한 사람이 되게 하는, 깨어짐을 위한 하나님의 선한 도구다.

사랑을 위해 자기 보호의 껍질을 깨다

코코넛 안에는 목마른 사람들의 갈증을 해갈할 수 있는 시원한 수액이 들어 있다. 코코넛 껍질은 무지무지 단단하다. 그 시원한 수액을 마시려면, 단단한 껍질이 깨져야만 한다. 하나님은 코코넛 껍질처럼 단단한 우리의 자아를 깨뜨리셔서 사랑이 흘러나오게 하신다. C. S. 루이스는 고통으로 인해 인간이 서로 공감하고 연대할 수 있다고 했다.[6]

    다윗은 세상에서 버려진 사람들이 자신을 찾아왔을 때 기꺼이 그들을 환대했다. 다윗의 공동체는 그들을 찾아오는 사람들의 피난처가 되었다. 아말렉 왕에게 버려진 종을 사막에서 발견했을 때에도 그를 치료하고 먹을 것을 주며 환대했다. 다윗이 그렇게 할 수 있던 것은 바로 그 자신이 버림받은 자였기 때문이다. 그는 세상에서 버려진다는 것이 어떤 느낌인지 알았다. 서럽고, 불안하고, 무섭다. 해서 다윗은 버려진 자들을 거두어 자신의 공동체에 받아들였다. 그리고 그들과 함께 헤세드의 공동체를 만들어 갔다.

실연을 당해 본 사람은 실연한 이의 마음을 알 수 있다. 나그네가 되어 본 사람만이 나그네의 심정을 안다. 아이를 낳고 육아를 하고 있는 엄마들은 서로에게 힘이 될 수 있다. 결혼 후 아기가 생기지 않는 사람이 아기를 갖지 못하는 여성의 마음을 공감하고 위로할 수 있다. 가난한 사람들이 더 가난한 사람들을 돕기 위해 기꺼이 돈을 내는 것도 그 가난이 얼마나 사람을 비참하게 만드는지 알기 때문이다. 히브리서 저자는 이렇게 권면한다.

> 감옥에 갇혀 있는 사람들을 생각하되, 여러분도 함께 갇혀 있는 심정으로 생각하십시오. 여러분도 몸이 있는 사람이니, 학대받는 사람들을 생각해 주십시오.(히 13:3).

어떤 형태의 고난이든 지금 어려움을 겪고 있다면, 그것은 언젠가 고통받는 누군가를 위로하고 공감하기 위한 것일 수 있다.

뿐만 아니라 우리는 사랑을 위해 깨어지는 삶을 살아야 한다. 예수님은 우리를 위하여 깨어지셨다. 그분의 몸은 깨뜨려져 우리 모두의 생명을 위한 빵이 되었고, 그분의 피는 찢겨진 몸에서 흘러나와 우리를 구원하는 사랑의 포도주가 되었다. 그분의 귀한 생명이 우리를 위해 깨어짐으로 '낭비'되었다.

글쓰기 모임을 마치고 나의 글 스승이자 친구인 김기현 목사와 함께 식사를 하게 되었다. 감사 기도를 드리는데 식사에 대한 감사가 끝나고 마무리할 때쯤 김 목사가 이렇게 기도하는 것이다. "우리를 위한 밥이 되어 죽으신 주님처럼 우리도 이 밥을 먹고 누군가를 위한 밥이 되어 살게 해주소서." 식사 기도를 하다가 급체할 뻔한 적은 처음이었다. 이 기도는 밥 먹을 때마다 생각나는 무서운 기도가 되었다.

많은 사람이 말하듯이, 사랑은 거룩한 낭비다. 그것은 십자가에 달려 깨어지심으로 우리를 위해 자신의 생명을 낭비하신 예수 그리스도를 따르는 삶이다. 자아 숭배에서 해방되고 깨어짐으로 성장한 우리가 최종적으로 다다를 곳은 영광의 보좌가 아니라 십자가다. 사랑을 위해 깨어진다는 것은 누군가를 위해 우리 자신을 허비한다는 뜻일 것이다. 어머니는 자녀를 위해 자신의 시간과 힘을 허비한다. 사랑하기 위해서다. 아빠들도 자녀와 놀아 주려면 자신의 시간과 체력을 허비해야 한다. 우리 교회 성도들은 교회 안팎의 청소년들을 멘토링하는데, 별 쓸모 없어 보이는 일에 시간과 돈을 허비해야 한다. 같이 보드게임을 하고, 별로 중요한 것 같지 않은 대화를 나누어야 한다. 무엇보다 쉴 수 있는 유일한 시간을 허비해야 하고,

자기가 쓸 수 있는 용돈을 그와 함께 나누어야 한다. 기다리고 바람 맞는 것은 예사로 일어나는 일이므로 예외로 하더라도 말이다.

두려움 없이 사랑하라

사랑은 상처받는 일이다. 상처받지 않고 사랑하기란 불가능하다. 사랑은 상처받음으로 깨어지는 삶이다. 상처받기 싫다면 사랑하지 않으면 된다. 사울이 그랬다. 충성스러운 장수 다윗도, 눈에 넣어도 아프지 않을 사랑스러운 딸도, 정말 멋진 아들도 그에게는 모두 자신을 지키기 위한 소모품이었다. 그는 자신을 보호하기 위해 아무도 사랑하지 않았다. 그래서 그는 미쳤고, 그렇게 죽었다.

에드 시런이 부른 〈포토그래프〉(Photograph)의 가사처럼 사랑하는 일은 때때로 상처가 되지만, 그것은 우리가 살아 있음을 느끼게 하는 유일한 길이다. 래리 크랩은 행복은 자아의 굴레를 벗어던지고 타인을 사랑할 때 찾아오는 것이라고 했다.[7] 김형석은 살아온 백 년의 인생을 돌아보고 행복이란 "고생이 있는 사랑의 삶"이라고 결론 내렸다.[8] 상처받고 깨지기 싫어서 사랑하기를 멈추면, 동시에 성장도 행복도 멈춘다. 사랑의 근육을 키우려면, 상처받고 아무는 과정이 반복되어야 한다.

사도 바울은 육체에 표식(할례)을 내어 하나님의 백성이라는 확신을 가지려 한 갈라디아 성도들에게 말했다. "이제부터는 아무도 나를 괴롭히지 마십시오. 나는 내 몸에 예수의 상처 자국을 지고 다닙니다"(갈 6:17). 사도 바울이 상처 자국을 몸에 지고 다니게 된 것은 사랑 때문이다. 그리스도인은 모두 같은 흉터를 지고 다닌다. 사랑하다가 받은 상처다.

성장하고 자라려면, 해체하고 통합하는 과정을 반복해야 한다. 이전의 프레임을 깨고, 내가 옳다고 믿어 온 것들을 해체하고 새롭게 발견한 진리와 진실을 통합해 더 큰 집을 만들어야 한다. 편견과 아집에 사로잡힌 자기중심적 프레임에서 걸어 나와 타인의 프레임으로 세상을 보는 법도 배워야 한다. 자기 보호라는 단단한 껍질을 깨고 내 안에 들어 있는 수액을 목마른 사람들에게로 흘려보내야 한다.

저항과 창조의 길,
우리는 광야에 서 있다.

6장 우정의 힘
세상에서 그리스도인의 친밀한 우정을 나누라

> 사울의 아들 요나단이 호레스로 다윗을 찾아와서, 하나님을 굳게 의지하도록 격려하였다(삼상 23:16).

광야 같은 세상에서 마음 붙일 곳 하나 없는 사람은 인생을 쉽게 포기한다고 한다. 광야 길을 걸을 때는 양희은과 아이유가 함께 부른 노래처럼 "같이 있으면 마음을 읽어 주는 사람", 또 "비가 내리면 햇살을 대신하는, 늘 같은 그런 사람"이 곁에 있어야 한다. 하지만 이 바람이 노래 제목대로 "한낮의 꿈"에 불과하다면 참 슬플 것 같다. 도움을 구할 친구 하나, 마음 한 조각 나눌 사람 하나 없을 때 사람은 절망할 수밖에 없다. 우리에게는 우정을 나눌 친구가 필요하다.

사울에게 미움을 받게 된 다윗은 어디도 기댈 곳이 없었다. 다윗은 까닭 없이 사울에게 쫓겼다. 온통 사울이 지배하는 세상에 버려졌다. 어디를 가나 사울의 사람들이 있었고 모든 장소가 사울의 땅이었다. 온 세상이 자기를 버린 것 같았을 것이다. 기댈 수 있는 언덕이 필요했다. 다행히 그런 다윗에게 진실한 친구가 되어 준 사람이 있었다. 바로 사울의 아들 요나단이다. 그런 세상에서 요나단의 우정은 다윗이 하나님의 나라를 살아갈 수 있게 하는 힘이 되었다. 광야 같은 인생길에는 친구가 필요하다. 하나님의 뜻을 이루는 삶을 살아 내기 위해서는 함께 그 길을 걸어갈 친구들이 있어야 한다. 다윗과 요나단의 이야기는 우정이 어떻게 하나님 나라를 살아갈 수 있는 힘이 되는지를 보여 준다.

그리스도인의 우정은 하나님의 마음에서 시작된다

그리스도인의 우정은 어떻게 시작되는가? 그리스도인의 우정은 하나님이 주신 사랑의 마음에서 시작된다. 아우구스티누스는 「고백록」에서 "참다운 우정은 우리에게 주신 성령으로 말미암아 우리 마음속에 부어 주신 그 사랑 안에서 하나님이 우리를 서로 매어 주시기 때문에 가능하다"고 했다. 하나님이 성령님을 통해 부어 주시는 마음은 바로 그리스도의 마음이다. 바울은 그 마음이 종의 마음이라고 했다. 그리스도는 자기를 비워 하나님과 우리를 섬기시는 종이 되셨다. 그리스도인의 참된 우정은 친구를 섬기는 종이 되고자 하는 마음에서 피어난다.

요나단은 왕자의 표식인 겉옷과 칼, 그리고 허리띠를 풀어 다윗에게 준다. 그것은 '너와의 우정을 위해서라면 왕자의 자리까지도 포기할 수 있다'는 마음의 표현이 아니었을까? 실제로 요나단은 다윗을 위해 자신의 왕위를 양보한다.

> 그는 다윗에게 말하였다. "전혀 두려워하지 말게. 자네를 해치려는 나의 아버지 사울의 세력이 자네에게 미치지 못할 걸세. 자네는 반드시 이스라엘의 왕이 될 걸세. 나는 자네의 버금가는 자리에 앉고 싶네. 이것은 나의 아버지 사울도 아시는 일일세"(삼상 23:17).

사무엘상은 다윗이 사울과 나눈 이야기를 들은 요나단에게 다윗을 자기 목숨처럼 아끼는 마음이 생겼다고 기록하고 있다(삼상 18:1). 예수님은 제자들을 종이 아니라 친구라고 불렀다(요 15:13-15). 예수님이 십자가에서 목숨을 버리신 것은 바로 우리를 친구로 여기셨기 때문이다. 다윗을 향한 요나단의 마음은 하나님이 주신 마음임이 틀림없다. 그런 마음은 우리의 본성에서 나올 수 있는 것이 아니기 때문이다. 그리스도인은 성령님이 부어 주신 종의 마음, 사랑의 마음으로 참된 우정을 나눌 수 있다.

그리스도인은 언약을 통해 친구가 된다

다윗과 요나단은 서로 가까운 친구가 되기로 언약을 맺었다(삼상

18:3). 서로에게 친구가 되어 헌신하기로 약속을 맺은 것이다. 친구가 된다는 것은 서로를 돌보고, 지켜 주며, 힘이 되어 주고, 격려하는 '헌신의 관계'를 맺는다는 의미다.

이후 요나단은 다윗을 위해 사울의 의중을 파악해 미리 알려 주어 다윗을 지켰고(삼상 20:12), 다윗이 낙심하고 있을 때 위험을 무릅쓰고 그를 만나 하나님을 힘 있게 의지하도록 격려하였다(삼상 23:16). 요나단은 자신이 아닌 다윗이 하나님의 뜻에 따라 왕이 되는 것을 기뻐했고(삼상 23:17), 왕이 될 때 자신과 가문을 지켜 줄 것을 부탁했다(삼상 20:14-15).

다윗 역시 요나단과 맺은 우정의 언약을 기억했다. 자신을 죽이려고 혈안이 되어 있는 사울을 죽일 수 있는 기회가 여러 번 있었지만 실행하지 않았다(삼상 24, 26장). 사울과 요나단이 전장에서 불운하게 죽었을 때에는 금식하며 진심으로 슬퍼했고(삼하 1:12), 조가를 지어 유다 사람들이 부르게 함으로 사자의 명예를 지켜 주었다(삼하 1:17-27). 요나단의 아들 므비보셋은 두 다리를 다 절었는데, 다윗은 그를 곁에 두고 보살폈다(삼하 9장). 요나단과 맺은 우정의 언약 때문이었다.

이처럼 하나님 나라의 우정은 서로의 헌신을 필요로 한다. 예수님이 그리스도이심을 믿을 때, 그리스도의 지체인 우리는 서로 하나님 나라의 우정의 언약을 맺게 된다. 이것은 선택이 아닌 필수다. 자동차를 사면 엔진이 딸려 오는 것처럼, 결혼을 하면 서로에게 헌신하는 것이 당연한 것처럼 말이다. 해도 되고 안 해도 되는 그런 것이 아니다. 그리스도인이 된다는 것은 예수님의 지체가 된다는 뜻이요, 이는 우리가 서로 다윗과 요나단 같은 우정을 나누는 관계 속으로 들어간다는 뜻이다. 아마 그 이상일 것이다.

대부분의 그리스도인에게 가장 중요한 신앙 행위는 아마 주일 예배 참석일 것이다. 구역 모임이나 부서별 모임이 있기는 하지만 우정을 나누는 공동체로서의 중요성은 강조되지 않는다. 신앙은 개인의 영역에 속한 일이라고 생각해서 신자 대부분 예배를 통해 '개인적'으로 하나님을 만나는 은혜의 체험을 하길 원하고, 하나님과의 개인적인 관계를 잘 유지하기를 바란다. 교인들이 수련회나 기도회에 참석하는 이유도 영적 체험을 통해 '하나님과의 관계'를 회복하거나 유지하고자 함이다. 일부 목회자도 자신의 주된 역할은 성도 개인의 영적 성장을 돕는 것이라고 생각하지, 성도 간에 한 몸으로서의 교제를 배양하는 데까지 고려하지 못한다. 그래서 성도들이 서로 갈등 관계에 빠져도 개입하지 않는다. 그것은 개인의 문제이지 교회가 할 일은 아니라고 여기는 것이다.

심지어 예수 그리스도의 희생을 통해 그리스도의 몸에 참예함을 기념하는 성찬조차도 그저 자신의 죄를 용서받고 심판을 면하는, 지극히 개인적인 예식으로 변질된다. 사실 성찬을 통해 우리는 세상에 속한 채로 타인의 고통에 둔감하게 살아온 이기적인 삶을 청산하는 것이다. 그리고 이제는 그리스도의 몸의 지체가 되어 서로에게 연결되어 살아가기로 결단하는 것이다. 주님의 몸을 먹음으로 그 '몸'이 되고 그 피를 마심으로 한 '피'를 나눈 하나님의 새로운 백성이 되었음을 기념하는 것이다. 그러나 우리는 일 년에 몇 차례 열지도 않는 성찬에서 십자가에 달려 고통받는 예수님만 묵상하지, 함께 빵과 포도주 잔을 받는 형제를 위해 목숨까지 바치는 삶을 살게 하려고 예수님이 죽었다는 사실은 기억하지 않는다.

교회는 친구를 위해 왕관을 내려놓을 수 있는 우정의 공동체다. 그러나 예수님과 제자들이 나눈 그 우정에 기반하지 않는다면 성경적인 교회 공동체 혹은 기독교 공동체를 이루는 일은 불가능할 수밖에 없을 것이다. 동역하지만 우정이 없다. 공동체는 있는데 우정이 나누어지지 않는다.

어떻게 그럴 수 있느냐고 반문할 수 있겠다. 그렇다면 불행한 결혼 생활을 보라. 함께 살지만 사랑이 없는 부부가 얼마나 많은지! 목회 활동은 있지만 우정이 없는 사역자 모임, 우정은 없고 회의만 있는 당회, 사역과 보고는 있지만 우정이 없는 리더 모임, 함께 예배는 드리지만 우정을 위한 교제는 없는 신앙생활 등……. 이제는 서로를 위해 왕관마저 내려놓을 수 있을 만큼의 우정이 교회를 꽉꽉 채우면 좋겠다.

교회는 이러한 우정 관계를 맺는 법을 배우는 공동체여야 한다. 교회의 전임 사역자나 장로, 리더나 교사가 해야 하는 사역이 무엇인가? 성도가 예수님의 계명을 따라 살게 하는 것이 사역의 본질이라면 교회 리더십의 역할은 서로를 사랑하게 하는 일일 것이다. 즉 하나님 나라의 우정으로 그들을 초대하고 우정의 언약을 맺어 서로를 돌보고 사랑하며 살게 하는 것이다.

초대 교회는 사도들의 가르침을 받아, 서로 사귀는 일과 함께 식사하는 일, 기도하는 일에 힘썼다. 그리고 함께 지내며 가진 것을 나누었다. 그들이 서로 사귀며 함께 식사하고 기도하며 서로의 필요를 돌보게 된 것은 사도들의 가르침의 결과였다. 즉 초대 교회의 제자 훈련의 목표는 그들이 하나님 나라의 우정을 배양하고 향유하는 것이었다고 할 수 있다.

그리스도인의 우정은 함께 하나님 나라를 구한다

다윗과 요나단의 우정은 이익이나 무엇인가를 얻기 위해 맺어진 관계가 아니었다. 그들은 하나님 나라를 구하는 마음으로 서로에게 매였다. 두 사람 모두 올바른 일에 헌신했고, 하나님의 백성을 뜨겁게 사랑했다. 요나단은 아버지 사울이 다윗을 해하려는 계획이 불의하다고 생각했다. 요나단은 다윗의 일로 끊임없이 아버지 사울과 충돌한다. 요나단이 다윗에게 왕위를 양보한 이유는 그것이 하나님의 뜻이어서였다. 요나단이 왕이 되는 것이 하나님의 뜻이라면 반대로 다윗도 똑같이 했을 것이다.

요나단은 다윗이 이스라엘을 하나님의 뜻대로 통치할 왕이 될 것이라고 믿었다. 요나단은 다윗이 하나님의 뜻을 실현하는 왕이 될 것이라고 믿었기 때문에 그를 지지했다. 하나님의 정의와 공의를 실현하는 정치는 백성들에게 번영을 가져다주지만, 왕의 욕망을 실현하고자 하는 정치는 땅에 저주를 가지고 온다. 다윗이 쓴 시편들을 읽어 보면 그가 얼마나 하나님의 법과 진리를 사랑했는지를 알 수 있다. 대표적으로 시편 19편에는 율법과 진리에 대한 다윗의 사랑이 감동적으로 표현되어 있다.

> 주님의 말씀은 티 없이 맑아서 영원토록 견고히 서 있으며, 주님의 법규는 참되어서 한결같이 바르다. 주님의 교훈은 금보다, 순금보다 더 탐스럽고, 꿀보다, 송이 꿀보다 더 달콤하다. 그러므로 주님의 종이 그 교훈으로 경고를 받고, 그것을 지키면, 푸짐한 상을 받을 것이다. …… 나의 반석이시요 구원자이신 주님, 내 입의 말과 내 마음의 생각이 언제나 주님의 마음에 들기를 바랍니다(시 19:9-11, 14).

요나단은 그런 다윗이 하나님 나라의 비전을 성취할 왕이 될 것이라 굳게 믿었고, 또 지지했다.

다윗과 요나단은 함께 하나님 나라를 위한 싸움을 싸웠다. 다윗은 하나님과 하나님의 백성을 모욕하는 자를 향해 분노해 여호와 하나님의 이름으로 용감하게 일어나 골리앗을 물리쳤다. 요나단은 종자 하나를 데리고 블레셋 군대를 대적해 하나님 백성의 승리를 일구어 낸다. 두 사람의 마음속에는 정복해야 할 같은 고지가 있었고, 둘은 그것을 알아차렸다. 다윗과 요나단은 자기 조상들에게 말씀하시고 약속하신 하나님 나라가 그들을 통해 이루어지는 것을 보고 싶었을 것이다. 요나단은 사욕을 취하지 않는다. 가문의 이익보다 하나님의 나라가 더 중요했다. 둘의 우정은 두 사람 모두 하나님 나라를 꿈꾸고 갈망했기에 가능한 것이었다.

예수님과 제자들도 같은 우정을 나누었다. 예수님과 제자들은 하나님 나라를 위해 동역하며 친구가 되어 같은 길을 걸었다. 그들은 하나님 나라의 복음을 전하기 위해 먼 길을 마다하지 않고 함께 걸었으며, 함께 유대인들의 반대에 직면했고, 함께 병을 고치고 귀신 들린 자에게서 귀신을 내쫓았다. 그들은 함께 풍랑이 이는 바다를 건넜고, 거라사의 광인을 함께 만났고, 함께 물고기 두 마리와 떡 다섯 개로 오천 명을 먹였다.

바울과 그의 동역자들도 만만치 않았다. 그들은 자주 채찍에 맞았고, 성난 군중이 그들을 향해 내지르는 고함 소리를 들어야 했다. 그들은 모두 하나님 나라에 헌신된 친구들, 동지들이었다. 그들은 낯선 땅을 여행하며 복음을 전했고, 그 복음이 의미하는 공동체인 교회를 세워 나갔다. 그들은 이 땅에 하나님 나라를 세우고 확장하는 일에 함께 헌신했다.

하나님 나라의 우정은 하나님 나라의 비전을 공유한다. 탐욕과 폭력으로 물든 세상에 하나님의 정의와 평화가 강물처럼 넘실거리는 나라, 상한 갈대를 꺾지 않고 꺼져 가는 심지를 끄지 않으며 함께 진리로 온 세상에 공의를 세우게 되는 하나님 나라가 오는 그런 꿈, 가난한 자, 포로 된 자, 눈먼 자, 눌린 자들이 해방을 얻고, 하나님 나라를 세우고 온 세상의 빛이 되는 꿈, 예수님의 계명을 따라 서로를 자기 목숨처럼 사랑하는 하나님의 식민지들이 온 세계에 건설되는 꿈, 사람들이 흘린 피로 세워진 제국을 이기고 그리스도의 사랑의 나라가 세워지는 꿈. 하나님 나라의 우정은 함께 꿈꾸며 싸우는 자들의 우정이다. 함께 꿈꾸고, 함께 열망하며, 함께 싸우기로 맹약한 친구들의 우정이다.

그리스도인의 우정은 친구의 가능성에 주목한다

사울이 지배하는 세상에서 다윗은 주인을 떠난 들개 취급을 받고 있었다. 다윗은 사울의 세상에서 존재해서는 안 될 불필요한 존재요, 절삭되어야 할 잉여에 불과했다. 그러나 요나단은 다윗을 그런 관점으로 보지 않았다. 사울이 다윗을 위험인물로 본 것이나 가족들이 다윗을 하찮은 어린아이로 본 것과 달리 요나단은 하나님이 다윗 안에서 발견하신 그것, 다윗 안에 있는 왕을 발견했다. 사실 다윗의 등장으로 가장 위험에 빠진 사람은 요나단이었다. 그러나 요나단은 다윗을 향한 하나님의 뜻을 바라보았고, 하나님의 뜻 안에서 다윗을 평가한 것이다. 진실한 친구는 우리 안에 있는 가능성을 본다. 세상이 발견하지 못하는 내 안의 가능성을 발견하고 주목한다. 진정한 친구는 그렇게 한다.

 그리스도인의 진실한 우정은 세상의 압력에 저항할 수 있는 힘을 공급한다. 세상의 시각이 아닌 하나님의 눈으로 나를 바라봐 주는 사람이 진실한 내 친구다. 하나님이 보시는 방식으로 나의 소명을 귀하게 여겨 존중하며, 내 안에 있는 가능성을 신뢰함으로 바라봐 주는 친구, 그런 친구는 세상에 저항하여 우리 안에 있는 하나님의 사람으로서의 모든 가능성을 실현할 수 있게 한다.

죄와 사망이 지배하는 세상에서 우리의 본래 모습은 많이 상처받고 훼손되었다. 우리는 상처받아 일그러진 얼굴과 여기저기에 남아 있는 흉터가 우리 자신인 줄 안다. 그래서 하나님 앞에서 우리는 늘 못나고 죄 짓는 실패자라고 믿는 경우가 많다. 아니다. 예수님은 우리 안에 있는 가능성을 주목하신다. 우리의 실패와 실수에 주목하지 않으신다. 예수님은 우리 안에 있는 왕을 보시고 그 왕을 끌어내어 주시는 분이다. 우리가 자신의 한계와 실패에 집중하고 있을 때, 예수님은 우리 안의 가능성에 주목하신다. 이 가능성은 하나님이 모태에서 우리를 지으실 때에 기대하신 우리의 진짜 모습이다. 그분은 우리가 되어야 할 진짜 모습이 어떠한지를 아시고, 그러한 사람이 되어 갈 수 있도록 우리를 인도하신다. 예수님은 우리에게 그런 좋은 친구가 되어 주신다.

그런 의미에서 보면, 다윗에게 요나단은 하나님의 선물이었다. 그들은 서로에게 예수님과 같은 친구가 되어 주었다. 내게도 이런 선물과도 같은 친구들이 있다. 그들을 만나면 나는 내가 참 소중하고, 귀하고, 사랑스럽고, 지혜롭고, 유능한 사람인 것처럼 느껴진다. 그들은 내 "가장 깊은 내면에 있는 가장 그 사람다운 것이 무엇인지를 찬찬히 알아보고 인정과 격려를 통해 그것을 굳게 다져 주는"[1] 사람들이다.

그렇다고 그들이 내가 고쳐야 할 점들을 모르고 있거나 말하지 않는 것은 아니다. 해로운 친구들은 나로 하여금 끊임없이 변명하게 만들고, 나의 존재와 가능성을 무시해 열등감을 자극하며, 쓸데없는 힘겨루기를 하게 한다. 그 친구들이 해로운 친구들과 다른 점은 그들은 내가 본연의 모습이 되기를 진심으로 원한다는 것이다. 서로를 선물로 바라보는 우정 속에서는 누구나 하나님이 설계하신 본연의 모습을 찾아갈 수 있다. 그 안에서 사람들은 진정한 자기를 발견하고, 하나님이 주신 모든 가능성을 실현할 수 있다.

그리스도인의 우정은 악으로부터 친구를 지켜 낸다

예수님은 제자들에게 "다만 악에서 구하시옵소서"(마 6:13, 개역개정)라고 기도하라고 가르치셨다. 이 기도에서 말하는 "악"은 악한 자들이다. 요나단과 같은 진실한 친구는 친구를 악한 자들에게서 구원한다. 요나단은 다윗을 죽이려는 사울에게서 다윗을 보호하였다. 사울이 다윗을 죽이려 할 때에 다윗에게 알려 주어 위험을 피하게 하였다. 또한 위험을 무릅쓰고 사울 앞에서 다윗의 결백을 변호하였고, 그가 사울을 위하여 행한 선한 일을 과감하게 말했다(삼상 19:4-5). 친구가 힘없는 위치에 있고, 권력자들과 함께 선 세상이 모두 그를 대적할 때 우리는 선뜻 나서서 그의 선의와 좋은 점들을 변호할 수 있을까?

살다 보면 가끔씩 뜻하지 않은 오해를 받을 때가 있다. 내 말이나 행동이 의도와 다르게 해석될 때도 있고, 실수한 것이 맞지만 과도한 공격과 비난을 받을 때도 있다. 모든 사람이 근거 없이 혹은 과도하게 나를 비난할 때 누군가가 나서서 '그는 그런 사람이 아니라'며, '그가 한 말의 의도는 이러저러하다'고 변호해 주기를 원한다.

하지만 정작 그런 경우를 당하게 되면 대부분의 사람은 침묵을 선택한다. 나를 알고 나의 진의를 알 것 같은 사람이 침묵할 때면 참 많이 서운하다. 그러면서도 자신이 그런 처지가 되면, 그들과 똑같이 입을 다문다. 십계명에서는 이웃을 해하려고 거짓 증언하지 말라고 했다. 사실도 아닌 왜곡된 정보는 한 사람을 죽일 수도 있다. 그때는 진실을 아는 사람이 나서야 한다. 침묵도 거짓 증언이 될 수 있다.

하나님은 자신의 백성이 다윗처럼 약자의 처지에 있는 사람들을 대변하길 원하신다. 고아와 과부, 외국인과 나그네에게 친구가 되어 주기를 원하신다. 이들은 쉽게 희생양이 되어 집단의 폭력에 노출될 수 있는 약자다.[2] 이들을 돌보는 것은 그리스도인의 의무다. 그런데 오늘날 한국 교회가 소수자나 난민, 외국인 근로자에게 보이는 태도와 행위는 전혀 하나님의 뜻을 따르는 것이 아니다. 확인하지도 않은 채 가짜 뉴스를 퍼 나르고 약자들에 대한 혐오와 차별을 부추기는 행위를 하나님은 어떻게 보실까?

요셉과 마리아도 한때 난민처럼 고향을 떠나야 했다. 우리의 믿음의 조상인 이스라엘 백성도 광야를 떠도는 나그네였으며 유배지의 포로였다. 일제가 한반도를 점령했을 때 우리 조상들은 난민이 되어 중국, 러시아, 미국으로 건너가 살아야 했다. 베드로는 그리스도인들을 "흩어져 사는 나그네"(벧전 1:1)라고 불렀다. 나그네와 난민은 이 세상에서 그리스도인의 정체성이기도 하다. 그러므로 하나님은 우리가 나그네의 친구, 난민의 친구가 되어 그들을 보호하길 원하신다.

사울이 지배하는 세상에서는 사울의 거짓말이 진실인 것처럼 현실을 지배한다. 그 세상에서 의로운 다윗은 반역자로 낙인찍힌다. 다윗의 친구 요나단은 사울의 거짓말을 붕괴시킨다. 권력자의 거짓말이 진실한 친구의 증언으로 무너진다. 요나단이 있는 한, 거짓은 진실을 이길 수 없다. 예수님은 산상수훈에서 "너희는 '예' 할 때에는 '예'라는 말만 하고, '아니오' 할 때에는 '아니오'라는 말만 하여라"라고 말씀하셨다(마 5:37). 예수님을 따르는 제자 공동체는 희생양이 나올 수 없는 진실한 사람들의 공동체가 되어야 한다.

교회 안에서도 사울 앞의 다윗처럼 무고한 희생양이 나올 수 있다. 그들에게는 친구가 필요하다. 교회 지도자에게 당한 성추행을 어렵사리 폭로한 여성을 꽃뱀으로 몰아 버린다거나, 반대로 목사를 싫어하는 사람들이 목사가 바람이 났다는 식의 거짓말을 퍼뜨려 쫓아내려 하는 일들이 교회 안에서 일어난다는 것은 참으로 가슴 아픈 일이다.

뿐만 아니라 요나단은 다윗을 악 그 자체로부터 보호했다. 유진 피터슨은 요나단의 진실한 우정이 다윗을 보복과 폭력의 길로 가는 것을 막았다고 말했다. "우정이 악을 막고 저지시켰다."³

분노한 자의 얼굴은 보는 사람의 마음을 동일한 분노로 물들인다. 르네 지라르는 이것을 관찰하고 '거울 이론'이라 이름 붙였다. 다윗이 사울을 죽이고 왕권을 찬탈할 기회가 여러 번 있었지만 차마 실행하지 않은 것은 선하고 의로운 요나단의 사람 좋은 얼굴이 맑은 거울처럼 다윗을 비추었기 때문이다. 사울을 막아선 요나단의 얼굴이 다윗을 비추었기 때문이다.

그리스도인은 '악을 막고 저지시키는' 우정을 나눈다. 우리는 서로에게 요나단 같은 존재가 되어 악의 불씨를 꺼뜨려 버리고, 선의 불꽃을 일으키는 우정을 나누어야 한다. 함석헌의 〈그 사람을 그대는 가졌는가〉에 이런 시구가 있다.

> 온 세상의 찬성보다도
> '아니' 하고 가만히 머리 흔들 그 한 얼굴 생각에
> 알뜰한 유혹을 물리치게 되는
> 그 사람을 그대는 가졌는가.

우리는 서로에게 그런 존재가 되어야 한다. 하나님 나라의 우정은 "알뜰한 유혹"에 "아니"라며 저항할 수 있는 힘이다.

주 안에서 형제 된 어떤 이가 탐욕에 빠져 소비주의의 길을 걷고 싶어 할 때, 자신의 것을 나누어 주는 벗들의 삶을 바라보고 "아니"

라며 탐심의 유혹을 떨쳐 버릴 수 있게 하는 것이 그리스도인의 신실한 우정이다. 소원해진 관계의 틈바구니를 메우기 위해 화평의 길을 모색하는 우정, 이익을 위해 불의한 세상에 굴복하려 하는 친구를 막아서며 "친구여, 우리 그리스도가 가신 길을 걷자"며 손을 잡아 일으키는 우정. 교회는 악으로부터 친구를 지키는 우정의 공동체다.

또한 교회는 요나단이 그랬던 것처럼 약자의 친구가 되고 정의의 편에 서야 한다. 그리스도인 중에서는 약자와 의로운 사람 편에 서서 싸운 사람이 많았다. 신실한 그리스도인들은 지방의 탐관오리들에게 저항했고, 가난한 자들의 편이 되어 그들을 섬겼다. 일제강점기에는 항일 운동에 앞장섰고, 조국의 미래를 건설할 인재들을 키워 냈다. 광복이 되고 나서 오늘의 대한민국을 설계하고 만들어 간 사람들 중 다수가 공산주의를 피해 남한으로 내려온 젊은 그리스도인들이었다.[4] 이후에도 군사 독재에 항거하고 가난한 자들의 친구가 된 그리스도인이 많았다. 지금도 이름 없이 빛도 없이 세상 곳곳에서 가난하고 힘없는 사람들의 친구로 살아가는 그리스도인은 많다.

그러나 한국 교회의 역사는 교회가 악인의 친구가 된 적이 더 많았음을 보여 준다. 교회는 자주 권력자들의 친구가 되고 싶어 했다. 힘 있는 부자들의 입장을 대변해서 근로자들의 외침을 외면하는 일도 다반사였다. 심지어는 세상에서 힘 있는 자들의 힘을 빌려 불법으로 자기의 이익을 채우는 일도 많았다. 많은 교회 지도자가 친일

에 앞장섰다. 때로는 기독 청년들이 부패한 권력에 이용당하기도
했다. 많은 기독교인이 군사 독재에 협력해서 학살을 저지르기도
하고, 무죄한 청년들을 간첩으로 몰아 그들의 푸른 청춘을 짓밟기
도 했다.

시인 김응교는 한 사람을 알려면 그가 누구 곁에 서 있는가를 보
라고 했다.[5] 지금은 교회가 누구 곁에 서 있어야 하는지를 물어야
하는 때다. 예수님은 가난한 자, 세리와 창기, 과부와 여인 곁에서
그들의 친구가 되셨다. 그렇다면 예수님을 따르는 우리는 누구의
곁으로 다가서서 친구가 되어야겠는가?

그리스도인의 우정은 소명을 일깨운다

사람은 물드는 존재다. 알게 모르게 우리는 주변 사람들에게 영향
을 받는다. 지혜의 보고인 잠언에서는 "나쁜 친구와 어울리지 말고
좋은 친구를 사귀라"는 경고가 자주 나타난다. 바울도 제자 디모데
에게 "깨끗한 마음으로 주님을 찾는 사람들과 함께, 의와 믿음과 사
랑과 평화를 좇으라]"(딤후 2:22)고 말했다. 좋은 친구가 필요하다. 내
안에 있는 악을 억제하고 선을 불러일으킬 수 있는, 내가 누구인지
를 망각하지 않도록 소명을 일깨워 줄 수 있는, 그리고 끝까지 하나
님의 길을 동행해 줄, 그런 친구가 필요하다.

다윗에게 요나단은 광야처럼 고단한 삶 속에서도 소명을 따라

살아갈 수 있도록 힘을 주는 친구였다. 진실한 친구 요나단이 없었다면 다윗은 광야를 지나지 못했을지도 모른다. 고단한 도피 생활 중에 왕의 길을 포기하거나 타락했을지도 모른다. 요나단의 진실한 우정은 다윗이 광야의 시간을 견딜 수 있게 해준 결정적 이유였다. 이런 우정 없이 광야의 시간을 제정신으로 견뎌 낼 수 있는 사람은 아마 없을 것이다. 진실한 친구는 그리스도인들이 광야 같은 인생길을 하나님의 뜻대로 걸어갈 수 있게 한다.

두려워하는 다윗에게 요나단은 하나님이 다윗과 함께 계셔서 반드시 그를 왕으로 세우실 것이라 일깨운다. 요나단은 그의 두려움에 공감하고 그가 어떻게 행할지를 알려 준다(삼상 20:11-16). 요나단은 왕이 되어야 할 다윗의 소명을 일깨운다. 다윗은 소명은커녕 생존이 불가능해 보이는 광야 같은 세상에서 어찌할 바를 몰라 두려움에 떨고 있었다. 요나단은 그런 다윗에게 하나님의 약속을 상기시키고 하나님을 힘입어 일어서도록 격려했다.

> 사울의 아들 요나단이 호레스로 다윗을 찾아와서, 하나님을 굳게 의지하도록 격려하였다. 그는 다윗에게 말하였다. "전혀 두려워하지 말게. 자네를 해치려는 나의 아버지 사울의 세력이 자네에게 미치지 못할 걸세. 자네는 반드시 이스라엘의 왕이 될 걸세"(삼상 23:16-17).

진실한 친구 요나단은 다윗이 하나님을 굳게 의지하도록 격려한다. 그리고 그의 소명을 일깨운다. 세상을 두려워 말고 하나님을 의지하라. 왕이 되라는 하나님의 부르심을 포기하지 말라. 요나단은 참 멋진 친구다.

바울은 디모데가 교회 내외적으로 발생한 일들로 의기소침해 있을 때 그를 격려하기 위해 편지를 썼다. "그대는 진리의 말씀을 올바르게 가르치는 부끄러울 것 없는 일꾼으로 하나님께 인정을 받는 사람이 되기를 힘쓰십시오"(딤후 2:15). 바울은 디모데의 소명을 일깨우며 포기하지 말고 하나님의 길을 걸으라고 용기를 북돋운다. 그리고 젊음의 정욕에 노출되어 있는 그에게 깨끗한 마음을 가진 좋은 친구들과 함께, 정의와 믿음과 사랑과 평화를 좇으라고 충고한다. 우정은 젊음의 정욕을 피하게 하고, 걷는 길에서의 이탈을 막아준다.

바울에게는 오네시보로가 그런 사람이었다. 그는 감옥에 있는 바울을 찾아 가서 그의 기운을 북돋아 주었다. 바울은 오네시보로 때문에 많은 힘을 얻었다고 고백한다.

주님께서 오네시보로의 집에 자비를 베풀어 주시기를 빕니다. 그는 여러 번 나에게 용기를 북돋아 주었고, 내가 쇠사슬에 매인 것을 부끄러워하지 않았고, 로마에 와서는 더욱 열심으로 나를 찾아 만나 주었습니다(딤후 1:16-17).

부끄러워하지 않았다는 말은 헬라어 어법으로 자랑스러워했다는 말이다. 오네시보로는 감옥에 갇혀 우울할 수 있던 바울의 마음에 용기를 불어넣어 주어 바울이 가는 길을 응원했다. 오네시보로는 감옥에 갇히기까지 고난받는 바울의 삶을 지지하고 존경했다. 그는 열심히 바울을 찾아가 용기를 잃지 않게 했다.

이런 우정이 있으면, 소명의 길을 걸을 수 있다. 우리가 서로에게 "하나님을 굳게 의지하도록 격려"하고, 하나님의 계획이 반드시 이루어질 것이므로 소명의 길을 포기하지 말라고 응원하는 요나단 같은 친구가 될 수 있다면, 우리는 이 길을 완주할 수 있을 것이다. 하나님 나라의 우정은 소명을 일깨운다. 그리고 함께 그 길을 간다.

교회, 우정의 공동체

교회는 우정의 공동체다. 삼위 하나님이 누리시는 그 친밀한 우정을 함께 나누기 위해 초대받은 사람들의 공동체다. 그러므로 교회는 삼위 하나님과 함께 누리는 우정의 공동체라 할 수 있다. 교회는 단순히 우정을 쌓기에 좋은 공동체가 아니다. 교회는 우정 그 자체다. 그 우정이 우리를 구원한다. 요한은 우리가 형제를 사랑하므로 사망에서 옮겨져 생명으로 들어간다(요일 3:14)고 했다.

사회학자 엄기호는 한국 사회를 "단속 사회"라고 규정했다. 단속 사회란 끊임없이 접속하고 단절하는 사회다. 사람들이 넘치는 인간관계에 짓눌려 있지만 진정한 만남을 이루지 못하고 타자에 대한 환대가 사라져 개인은 파편화되는 사회다.
교회의 모습도 이와 다르지 않다. 개인의 문제는 공동체의 과제로 다루어지지 않는다. 각 가정의 문제는 프라이버시에 속하는 문제다. 감히 물어볼 수도 없다. 교회 안에서 갈등이 발생해도 리더십들은 함구하고 참견하지 않는다. 심방을 가도 그 집의 개인적인 상황을 묻는 것은 실례다. 힘든 일이 있어도 성도들은 교회에 도움을 구하지 않는다. 자기 혼자 기도하고 해결해야 할 문제라고 생각하기 때문이다. 기도가 응답되지 않으면, 자기가 무엇인가를 잘못했거나 기도가 부족하다고 생각한다. 심지어는 하나님이 자신을 버렸다고까지 생각한다.
이웃 성도들에게 진짜 고민을 털어놓지 않는다. 교회에서는 아무 문제가 없는 것처럼 정상적인 생활을 해야 한다. 예의 바른 미소를 띠고 문제가 없는 척 연기해야 한다. 오히려 교회에는 마음 털어놓을 데가 없다. 세상이 나를 버렸다고 느껴질 때 그리스도인들은 거기에 더해 하나님이 자신을 버렸다고 믿는다.
그러나 이것은 예수님이 마음에 그리신 교회가 아니다. 예수님은 제자들을 종이 아니라 친구라고 부르셨다. 그리고 진짜 친구는 친구를 위해 목숨을 내어 놓는다고 말씀하셨다(요 15:13-15). 예수님은 그들을 위해 자신의 목숨을 버리셨고, 제자들에게도 서로에게 그런 존재가 되어야 한다고 가르치셨다. 예수님과 가장 가까운 곳에서 그의 가슴에 기대어 그 뜨거운 심장에서 들려오는 소리를 느낀 요한은 "우리가 서로 사랑하되, 형제를 위하여 목숨까지도 주어야 한다"(요일 3:16)고 가르쳤다. 그 소리는 예수님의 가슴, 심장으로부터 나온 소리였다. 교회는 이러한 우정에까지 이르러야 한다.

초대 교회의 성도들은 사도들에게 가르침을 받은 후 서로 떡을 떼며 교제하기 위해 모였다. 교제를 뜻하는 헬라어 '코이노니아'에는 '나눔'이라는 의미도 담겨 있다. 그 나눔에는 집이라는 공간, 각자가 이해한 말씀, 세상에서 그리스도인으로 살아가는 삶의 기쁨과 고충, 그리고 돈과 물건을 나누는 것도 포함되었다. 그들은 집주인이 준비한 따뜻한 음식을 들면서, 없는 자들에게 자신이 가진 것을 나누었다. 그들의 집은 바로 그 우정이 나누어지는 열린 공간이었다. 집을 열어 준다는 것은 환대를 의미한다. 그 공간에서는 그들의 몸과 영혼, 그리고 깊은 고민과 문제까지도 환영을 받았다.

사도 바울은 동역자들과 함께 우정을 나누었다. 우리는 바울 서신을 읽을 때마다 맨 마지막에 그의 친구들의 이름을 읽는다. 그 이름들은 역사를 가지고 있다. 그 이름 하나하나가 바울에게 특별한 의미를 지닌다. 우리는 누군가의 의미가 되고 싶어 한다. 바울은 그들의 이름에 특별한 의미를 부여했다. 그들은 분명 바울이 좋았을 것이다. 그러니까 함께 그 뜨거운 사막을 건너고, 함께 배를 타고 거친 폭풍을 뚫고 바다를 건널 수 있었을 것이다. 그들은 함께 채찍을 맞고, 함께 감옥에 갔다. 그들은 함께라면 감옥에라도 갈 수 있는 우정을 나눈 것이다.

사도 바울은 유대인과 이방인이 서로 우정을 나누는 공동체를 만들었다. 서로 적이던 유대인과 로마인 사이를 막고 있던 담을 복음으로 헐어 버리고 우정을 나누는 하나의 공동체를 이루려고 애를 썼다. 바울은 주인과 종의 관계였던 빌레몬과 오네시모가 이제 주종 관계가 아닌 그리스도 안에서 새로운 우정으로 연결되기를 원했다. 요한은 우리가 말이 아닌 행함과 진실함으로 서로 사랑하는 우정을 나누어야 한다고 말했다. 사도신경에는 성도가 서로 교통함을 믿는다는 고백이 나온다.

    교회는 우정을 믿는다. 교회는 우정의 공동체다. 이런 공동체에서는 세상이 나를 버렸다고 느낄 수 없다. 이런 공동체에서는 살아갈 힘을 얻는다. 우정은 거친 광야를 건널 수 있게 하는 힘이다.

저항과 창조의 길,
우리는 광야에 서 있다.

7장

분노를 이기는 경청

분노가 끓어오를 때에는 경청하라

"평안히 집으로 돌아가시오. 내가 그대의 말대로 할 터이니, 걱정하지 마시오"(삼상 25:35b).

다윗은 대범했다. 창을 던져 자신을 죽이려 한 사울을 용서했고, 자신의 생명을 돌보지 않고 그일라 거민을 구출하기도 했다. 그러나 거의 침몰하기 직전까지 그를 몰고 간 위기는 뜻밖에도 '먹을 것' 때문에 찾아왔다. 위기는 뜻밖의 아주 작은 사건을 통해서 올 수 있다. 큰일에는 의연하게 대처해 왔으면서도 정작 작은 일에 쉽게 무너질 수 있다.

공동체를 깨뜨리고 그리스도인들을 무너뜨리는 것은 거대한 쓰나미 같은 박해나 환난이 아닐 수도 있다. 부부 관계가 끝장나고, 막역하던 친구 사이가 하루아침에 끝나 버리는 것도 강도8의 지진처럼 엄청난 일이 벌어져서가 아니다. 사소한 말싸움, 누적된 오해, 무시하는 말, 화난 것처럼 보이는 눈빛, 뼈 있는 농담, 무심코 내뱉은 말 한마디 같은 사소한 것일 수 있다.

아가서의 연인은 노래한다. "여우 떼를 좀 잡아 주오. 꽃이 한창인 우리 포도원을 망가뜨리는 새끼 여우 떼를 좀 잡아 주오"(아 2:15). 새끼 여우는 위험해 보이지 않는다. 그러나 잘못 다루면 포도원을 망치게 된다. 꽃이 한창인 때에 새끼 여우들 때문에 꽃이 다 떨어져 버리면 포도 열매가 맺히지 않는다.

게다가 사람들을 향한 분노의 감정이라는 여우를 잘 잡아 다스리지 못하면, 우리는 모든 것을 망쳐 버릴 수 있다. 미래에 대안이 될 만한 공동체들이 한순간에 와해되어 무너져 내린다. 사람들에 대한 분노와 적개심을 다스리지 못할 때 바로 그런 일들이 일어난다.

사람들에게 실망하고 배신당한 리더가 자신의 분노를 내면화하여 성도들에게 냉담해지는 모습을 우리는 흔히 볼 수 있다. 어떤 이들은 분노를 표출하다가 도리어 사람들에게 배척을 당하기도 한다. 공동체 역시 갈등 관계에 있는 사람들의 갈등을 해소할 능력을 갖추지 못하면 파당이 갈리고, 사소한 일로 시작된 갈등이 결국에는 공동체를 와해시키는 파국을 겪게 되기도 한다. 살다 보면 우리를 화나게 하는 숱한 사람과 상황을 만나게 된다. 다윗도 그랬다.

무례한 사람을 만나다

다윗은 아둘람으로 모여든 사람들과 함께 선한 일을 계획했다. 당시에는 고용되어 일하는 목자가 많았는데, 그들은 목장주와 계약을 맺고 양들을 돌보았다. 계약 기간에 양을 잃어버리면 그 양 값을 제하고 삯을 받았다. 무장을 하고 약탈을 감행하는 도적 떼와 이민족의 공격은 목동들의 목숨까지 위협할 수 있었다. "고대 이스라엘은 이민족의 끊임없는 침략이나 맹수의 습격으로 사람이나 가축이나 남아나는 것이 없을 정도였다."[1] 그러기에 도적과 짐승들에게서 양을 보호하는 일은 목동들에게 매우 중요했다. 그런데 다윗은 사람들과 함께 그 일을 하고자 했다. 목동과 가축들을 보호하는 일 말이다. 다윗은 도피 생활 중에도 자신이 할 수 있는 최선의 삶을 살고자 했다. 그의 동기는 선한 것이었고, 무슨 대가를 바라는 것도 아니었다.

양털을 깎는 날은 축제의 날이었다. 큰 잔치가 벌어지는 이날, 주인은 목동들을 위해 양을 잡고 포도주를 베푼다. 아주 기분 좋은 날인 것이다. 주변 사람들에게 좀 나누어 주어도 아깝지 않은 그런 날이다. 양털을 깎는다는 소식을 들은 다윗은 소년들을 보내어 아주 겸손하게 나발에게 호의를 요청했다. 다윗의 요청은 과한 것이 아니었다. 다윗과 함께한 사람들 덕분에 나발은 양을 보존할 수 있었고 목동들도 안전할 수 있었기 때문이다. 떡 몇 덩이와 양 몇 마리, 포도주 몇 부대면 충분했다. 다윗은 자기 부하들 중에 젊은이 열 명을 뽑아 나발에게 보내어 정중하게 자신의 말을 전했다.

만수무강을 빕니다. 어른도 평안하시고, 집안이 모두 평안하시기를 빕니다. 어른의 모든 소유도 번창하기를 빕니다. 지금 일꾼들을 데리고 양털을 깎고 계시다는 소식을 들었습니다. 어른의 목자들이 우리와 함께 있었는데, 우리는 그들을 괴롭힌 일도 없으며, 그들이 갈멜에 있는 동안에 양 한 마리도 잃어버린 것이 없었습니다. 일꾼들에게 물어 보시면, 그들이 사실대로 대답할 것입니다. 그리고 우리들이, 잔치를 벌이는 좋은 날에 어른을 찾아왔으니, 제가 보낸 젊은이들을 너그럽게 보시고, 부디 어른의 종들이나 다름이 없는 저의 부하들과, 아들이나 다름이 없는 이 다윗을 생각하셔서, 먹거리를 좀 들려 보내주십시오(삼상 25:6-8).

목동들도 다윗이 한 일을 칭송했다. 목동들은 자신들이 양을 칠 동안에 다윗의 무리가 함께 있으면서 밤이나 낮이나 성벽과 같이 잘 보살펴 주었다고 고백한다(삼상 25:16). 다윗 덕분에 목동들은 안심하고 양을 칠 수 있었던 것이다. 다윗은 왕이 할 일을 하고 있었다. 나쁜 왕은 백성의 것을 빼앗고 세금과 노역으로 사람을 괴롭히며 오직 자신의 안위만 생각하나, 선한 왕은 백성을 안전하게 지켜 평안히 생업에 종사할 수 있도록 보살핀다.

다윗과 그의 부하들은 최소한의 것으로 살아가고 있었다. 다윗이 바란 것은 그저 잔칫날의 풍성함, 그 한 귀퉁이의 즐거움을 부하들에게 나누어 주는 것이었다. 나발이 먼저 다윗을 챙겨야 했을 것이다. 그러나 다윗의 요청은 무시당했고 그는 모욕을 받았다.

다윗과 그의 부하들이 지켜 준 나발은 거부인 데다 아내는 소문

난 미인에 지혜까지 겸비한 여자였다. 겉으로만 보면 그는 성공한 부자에 부러울 것이 없는 사람이었으나 실상은 달랐다. 인색한데다가 편협했고 은혜를 몰랐다. 나발은 다윗의 정중한 부탁을 모욕적인 말로 거절한다. "도대체 다윗이란 자가 누구며, 이새의 아들이 누구냐? 요즈음은 종들이 모두 저마다 주인에게서 뛰쳐나가는 세상이 되었다. 그런데 내가 어찌, 빵이나 물이나, 양털 깎는 일꾼들에게 주려고 잡은 짐승의 고기를 가져다가, 어디서 왔는지도 모르는 자들에게 주겠느냐?"(삼상 25:10-11)

다윗은 졸지에 주인에게서 뛰쳐나온 하찮은 종, 어디서 왔는지도 모르는 부랑배 취급을 받았다. 다윗이 왜 사울을 떠나올 수밖에 없었는지, 그가 왜 사울의 세상에서 버려진 자들과 함께 떠돌 수밖에 없는 신세가 되었는지, 그가 이스라엘을 구하기 위해 어떤 일을 했으며, 또 지금은 정의롭게 살기 위해 어떻게 발버둥을 치고 있는지 등의 배경과 이야기는 전혀 고려되지 않았다.

한 사람의 인생에는 수많은 선택과 그 이유, 한숨과 고통과 눈물과 기쁨과 즐거움과 그와 관계된 수많은 사람의 이야기가 들어 있다. 그런데 나발은 다윗의 존재와 역사를 단 한 줄로 규정했다. "의리 없는 종놈, 목적 없이 떠돌아다니는 부랑배!" 나발은 다윗을 무시했다.

나발은 아주 꽉 막힌 사람이었다. 그와 대화한다는 것은 불가능한 일이었다. "사태가 이렇게 위급한데도 바깥주인은 고집만 세울 뿐, 어느 누구의 말에도 귀 기울이지 않기 때문에 이리로 달려왔습니다"(삼상 25:17 참조). 그는 다른 사람의 이야기를 전혀 경청할 줄 몰랐다. 게다가 그는 교만했다. 인색할 뿐더러 은혜라고는 눈곱만큼도 이해하지 못하는 사람이었다.

이런 사람들은 다른 사람을 화나게 한다. 다윗은 이처럼 경우 없음에 놀라고 당황했으며 분노에 치를 떨었다. 한마디로 다윗의 반응은 '뭐, 이런 놈이 다 있나!'였을 것이다. 아마 심한 욕도 했을지 모른다. 그리고 홧김에 결심한다. '이게 감히 나를 무시해! 다 죽여 버리겠어.' 다윗은 자신을 따르는 젊은이 400명에게 칼을 차라고 명령한다.

한 걸음 뒤로 물러나기

우리도 우리를 화나게 하는 사람들을 만날 때가 있다. 배은망덕한 사람, 예의 없는 사람, 대화라고는 전혀 통하지 않는 꽉 막힌 사람, 사람의 진심을 무시하고 자신의 잣대로 평가해 버리는 사람, 아무리 진실을 설명해 주어도 받아들이지 않는 사람, 사람의 자존심과 마음을 무너뜨리는 무례한 사람 같은 이들이 바로 그런 사람들이다. 특히 무시당하고 모욕을 받고 부당한 대우를 받으면 울화가 치민다. 되갚아 주고 싶다. 똑같이 굴욕감을 느끼게 하고 싶다. 다윗도 그랬다. 그래서 자신을 따르는 청년 400명을 무장시킨다. 그들을 데리고 도에 넘치는 보복을 위해 달려간다. 열이 머리끝까지 뻗

친 다윗은 요샛말로 '뚜껑이 확 열린' 상태였다. 닫아 줄 사람이 필요하다.

사울에게는 잘 참던 다윗이 나발에게는 참지 못했다. '나쁜 새끼! 다 죽여 버리겠어.' 화가 머리끝까지 치민 다윗은 앞뒤를 분간하지 않고 사울처럼 되려 하고 있었다. 위기는 생각지 않은 때에 생각지 않은 방식으로 찾아온다. 다윗은 이런 일이 일어날 것을 전혀 예상하지 못했다.

이런 분노가 터져 나오는 것은 대부분 우리 속에 있는 상처가 건드려질 때다. 다윗은 막내로 가정에서 무시당하며 살았다. 게다가 사울은 지금 자신을 떠돌이 개 취급하며 잡아 죽이려 하고 있다. 그런데 나발도 그렇게 한 것이다. 다윗을 무시한 것이다. 다윗은 분노를 통제할 수 없었다. 가끔은 우리 자신조차도 '내가 왜 그랬을까' 하고 후회할 때가 있다. 그때는 이성의 기능이 멈춰 버리는 것 같다. 너무 화가 나서 아무 생각도 나지 않는다. 다윗이 딱 그랬다.

나발의 아내 아비가일은 급히 음식을 준비해 다윗에게로 간다. 빵 이백 덩이, 포도주 두 가죽 부대, 양 다섯 마리, 볶은 곡식 다섯 세아, 건포도 뭉치 백 개, 무화과 뭉치 이백 개. 일꾼들에게 음식을 들려 먼저 다윗에게로 보낸다. 마치 에서의 마음을 풀기 위해 선물을 보내는 야곱 같다. 다윗은 급히 부하들을 거느리고 내려오는 길이었고, 아비가일은 나귀를 타고 산굽이를 돌아 내려가는 길이었다. 그 길에서 아비가일이 그들과 마주친다. 아비가일은 즉시 나귀에서 내려 다윗의 발 앞에 엎드려, 얼굴을 땅에 대고 절한다. 아비가일은 다윗을 막아선다. 보복하기 위해 길을 가고 있는 다윗 앞을 아비가일이 무릎을 꿇고 가로막는다.

아비가일이 아니었다면 다윗은 사울의 길을 걸었을 것이다. 하나님으로 충만한 다윗이지만 지금은 분노하는 자아로 충만해 있다. 엔게디에서의 다윗은 원수 사울의 내면에 있는 일말의 거룩함을 볼 줄 아는 눈을 가졌지만, 지금 그의 눈에는 아무것도 보이지 않는다. 다윗이 사울이 되려는 찰나였다. 하나님은 이때 하나님의 사람을 보내신다.

악한 분노가 우리를 뒤덮을 때는 "일단 멈춤" 신호를 지켜야 한다. 분노가 지시하는 말이 아닌 다른 음성을 듣기 위해서다. 우리는 그들의 이야기를 경청해야 한다. 경청하지 않으면 탈선한다. 그리고 되돌아올 수 없는 길을 가게 된다. 누군가에게 속상하고 화가 날 때는 다른 사람의 이야기에 귀를 기울이기 어렵다. 내 편이 되어 주지 않는 사람은 모두 적으로 느껴진다. 그리고 내 마음, 내 처지, 내 감정에 공감해 주지 않는 사람의 말은 전부 나를 이해하지 못하는, 편파적인 이야기로 들린다.

분명히 다윗은 옳은 일을 했고, 나발은 경우가 없는 짓을 저질렀다. 나발 같은 놈은 죽어도 마땅하다. 집단의 공감을 얻은 광기는 자신을 객관화하여 볼 수 없게 만든다. 다윗 진영에서는 아무도 분노한 다윗을 막아서지 못했다. 그만큼 다윗이 화가 나 있기도 했지만, 그들도 다윗과 같은 상처를 받았기 때문일 것이다. 나를 둘러싼 모든 사람이 나의 처지와 감정에 공감하고 내가 하려는 일이 정당하다고 부추길 때, 가던 길을 멈추고 "내가 잘못 생각했다. 그만 돌아가자"라고 말할 수 있는 사람은 정말 거의 없을 것이다. 이런 상황에서 돌이키는 것은 초인적인 능력이다. 그런데, 다윗은 돌이킨다. 올바른 결정을 내리기 위해서는 일단 멈춰 서야 한다. 그리고 한 걸음 뒤로 물러나 상황을 바라보아야 한다.

앞에서 살펴본 바 있듯이, 우리는 불의한 일에 분노해야 한다. 그러나 도를 넘어서는 안 된다. 다윗이 아비가일의 말을 무시하고 보복을 강행했다면 어떻게 되었을까? 다윗은 양고기 몇 점과 포도주 몇 병 때문에 학살극을 벌인 도적 떼의 두목으로 전락하고 말았을 것이다. 우리 상황으로 옮기면, 그깟 돼지고기 몇 점과 막걸리 몇 사발 때문에 한 마을 남자들의 씨를 말려 버린 쪼잔하고 잔인한, 나쁜 놈으로 전락하고 말았을 것이다.

아마도 다윗은 왕이 되지 못했거나, 왕이 되었어도 존경받지 못했을 것이다. 학살을 감행한 사실을 알게 된 사람들이 그를 지도자로 인정했을지 의문이다. 그의 시 역시 수천 년 동안 사람들을 감동시키지 못했을 것이다. 부정적인 감정이 홍수처럼 밀려와 우리를 삼키려 할 때, 우리는 자신을 지키기 위해 반드시 한 걸음 뒤로 물러나 경청의 시간을 가져야 한다. 우리는 듣기 위해 한 걸음 뒤로 물러나야 한다.

멈춰 서서 경청하기

순수하고 신실하던 형제가 어느 순간 능글맞고 탐욕이 가득한 모습의 어른이 되어 있거나, 참하고 겸손하던 자매가 어느 순간 독하고 거만한 사람이 되어 있는 것을 우리는 자주 목격하게 된다. 한순간의 탈선에서 돌아오지 못하면 그렇게 될 수 있다.

다윗도 그렇게 될 위기에 처해 있었다. 아비가일은 사울이 되려는 다윗을 막아선다. 아비가일은 다윗 안에 있는 거룩함을 일깨웠다. 육신대로 행하려 하는, 다윗 안에 있는 사울을 잠재우고 다윗 안에 있는 선함을 일깨웠다. 다윗을 일깨워 그가 하나님을 바라볼 수 있게 했다. 다윗의 신분과, 하나님이 다윗과 함께하신다는 사실을 일깨웠다. 아비가일은 외모에 걸맞은 성품을 지녔다. 아비가일이 하는 말을 들어보라.

"이제 곧 주님께서 장군께 약속하신 대로, 온갖 좋은 일을 모두 베푸셔서, 장군님을 이스라엘의 영도자로 세워 주실 터인데, 지금 공연히 사람을 죽이신다든지, 몸소 원수를 갚으신다든지 하여, 왕이 되실 때에 후회하시거나 마음에 걸리는 일이 없도록 하시기 바랍니다"(삼상 25:30-31).

아비가일은 아름다울 뿐만 아니라 지혜로웠다.
아비가일의 말에서 우리는 우리를 화나게 하는 사람들을 만났을 때 우리 자신을 어떻게 다루어야 할지를 배울 수 있다. 어리석고 교만한 사람과 맞서는 것은 그와 같아지는 것을 의미한다. 잠언은 이런 어리석은 자를 만나거든 피하라고 말한다. "차라리 새끼 빼앗긴 암곰을 만날지언정 미련한 일을 행하는 미련한 자를 만나지 말 것이니라"(잠 17:12, 개역개정).

나쁜 분노가 우리를 사로잡아 괴물로 만들려 할 때 우리는 우리에게 다가오는 아비가일 같은 이들의 말을 듣기 위해 멈춰 서야 한다. 누군가에게 상처를 입거나 화가 나 있을 때 우리는 본능적으로 내 처지를 지지해 줄 사람을 찾는다. 그들의 이야기만 들린다. 인간은 선별적으로 듣는 존재이기 때문이다.

이 여종의 말을 들으소서(24절, 개역개정).

내가 듣고 싶은 이야기가 아닌 내가 들어야 할 이야기에 귀를 기울여야 한다. 잘 들어야 한다. 침묵하며 끝까지 경청하고, 수용하여 방향을 바꾸어 걷는 것, 바로 이것이 위대한 리더의 자질이다. 그런데 우리는 나와 다른 관점에서 나에게 말해 주는 사람이 그렇게 얄밉다. 자신을 돌아보고 자기 눈에 있는 들보를 빼는 일이 들보를 세우고 눈 안에 집을 짓는 것보다 더 어렵다.

하지만 돌이킬 수 있는 사람은 복이 있다. 하나님은 겸손하고 통회하는 사람을 기뻐한다고 말씀하셨다. 하나님은 "겸손한 사람과 함께 있으면서 그들에게 용기를 북돋우어 주고, 회개하는 사람과 같이 있으면서 그들의 상한 마음을 아물게 하여 준다"고 말씀하신다(사 57:15). 겸손은 자신이 틀릴 수 있다는 사실을 인정하는 것이고, 통회는 변화를 감행하는 것이다.

바로 이러한 태도가 다윗의 위대한 점이라고 데이비드 울프는 말한다. "다윗의 리더십에 있어서 그의 용맹만큼이나 중요한 것은 바로 이런 침묵과 수용의 자세, 그리고 경청의 능력이다."[2] 듣는 시늉만 한 것이 아니다. 그는 자신을 변화시켰다. 아비가일이 남편 나발에 대해 하는 이야기를 듣고 그는 하려던 일을 멈추고 돌아간다. 후일 나단 선지자가 찾아와 그의 범죄를 낱낱이 고발할 때에도 다윗은 끝까지 듣고 회개한다. 회개란 '메타노이아', 방향을 바꾸어 돌아가는 것, 즉 변화를 의미한다.

경청한다는 것은 변화의 가능성에 자신을 열어 둔다는 것을 의미한다. 사람들은 여러 이유에서 변화하지 않으려 한다. 변화를 위해서는 많은 에너지를 쏟아야 하기 때문이기도 하고, 변화를 두려워하기 때문이기도 하다.

하지만 사람들이 변화를 위해 경청하지 않는 본질적인 이유는 하나님을 떠난 이후의 인간이 자신의 완전성에 집착하기 때문이다. 삶에서 하나님을 추방하고 스스로 하나님이 된 인간은 하나님처럼 완전하다는 착각에 빠진다. 자신은 틀릴 수 없다. 완고하다는 것은 자신의 완전성에 집착하는 것이다. 역기능 가정이 역설적으로 문제가 없는 완벽해 보이는 가정이라는 것을 아는가? 건강한 가정이란 문제가 있지만 그 문제를 건강하게 해결하는 가정이다. 좋을 때도 있고, 나쁠 때도 있지만 문제를 인정하고 해결하기 위해 노력하며 함께 성숙해 가는 가정이다.

반면, 역기능 가정은 문제가 없어야 하는 가정이다.³ 문제가 일어나면 안 된다. 그래서 모든 문제는 은폐되고 합리화된다. 완전한 가정이 되어야 하기 때문이다. 구성원들의 감정은 메말라 가고, 관계는 피상적이 된다. 중요한 점은 완전성을 주장하는 사람이나 공동체에는 변화가 없다는 것이다. 변화가 없다는 것은 성장하지 않는다는 것을 의미한다.

타인의 말을 듣는다는 것은 열등하거나 부족하다는 것을 의미하지 않는다. 인간은 성장하고 변화하는 존재다. 성장하기 위해 우리는 들어야 한다. 완전하지 않은 것은 부끄러운 것이 아니다. 성장하지 않는 것, 즉 변화하지 않는 것이 부끄러운 것이다. 듣지 않는 나발은 파멸한다. 그러나 듣는 다윗은 성장한다.

아마도 당신은 나발의 이야기를 읽으면서 가슴이 답답해졌을 것이다. '사람이 어찌 저렇게 미련하고 답답할 수가 있을까?'라고 말이다. 그러나 나발은 멀리 있지 않다. 내 안에도 있다. 다윗은 듣는다. 하나님의 말씀을 듣고, 아비가일의 말을 듣고, 사무엘과 나단 선지자의 말을 듣고, 내면의 음성에 귀를 기울이고, 하늘과 땅과 나무와 들의 꽃들이 하는 말을 듣는다. 바로 이 경청이 다윗을 아름다운 인간으로 만들어 갔다. 우리를 아름다운 인간으로 빚어 주는 것은 바로 경청이다.

다른 관점으로 보기

아비가일은 황당하고 분노가 이는 지금의 이 상황을 다른 관점에서 볼 수 있도록 다윗을 돕는다.

> "장군께서는 나의 몹쓸 남편 나발에게 조금도 마음을 쓰지 마시기 바랍니다. 그 사람은 정말 이름 그대로, 못된 사람입니다. 이름도 나발인데다, 하는 일도 어리석습니다"(삼상 25:25).

아비가일은 다윗이 다른 관점에서 상황을 바라볼 수 있도록 돕고 있다. 다윗은 어리석은 자 나발에게 화가 났지만, 아비가일은 나발이 어리석은 자이므로 그리 화낼 필요가 없다고 말한다. 상처 입고 모욕당한 다윗의 눈에 나발은 살려 두어서는 안 될 배은망덕하고 안하무인인 존재였다. 그러나 아비가일의 눈으로 본 나발은 이름 그대로 어리석고 미련한 사람이었다. 그러므로 당신이 이렇게 400명이나 되는 혈기왕성한 젊은이들을 데리고 와서 응징해야만 하는 그런 존재가 아니라는 것이다.

사람은 두 눈을 가졌지만 주로 사용하는 눈은 하나다. 경청은 문제를 다른 관점에서 바라볼 수 있게 한다. 내가 잘 쓰지 않는 다른 눈으로 바라보면 문제가 다르게 보인다. 문제가 다르게 보이면 해결책도 달라진다. 사람들은 발생하는 문제들을 같은 방식으로 바라보고, 같은 방법으로 해결하려 한다. 해서, 늘 같은 실수를 반복하는 것이다.

우리는 타인의 눈으로 문제들, 특히 갈등을 바라보는 법을 배워야 한다. 갈등, 특히 나에게 상처를 주었다고 믿는 사람을 스스로 다른 관점으로 바라보는 것은 매우 힘든 일이다. 다윗은 오랫동안 사울의 마음을 헤아려 온 경험이 있었기 때문에 아비가일을 만난 후 이 사태를 달리 볼 수 있었을 것이다. 꾸준히 훈련하지 않으면 다른 관점으로 보는 일은 대단히 힘들다.

미로슬라브 볼프는 진실을 보기 위해 '이중적 보기'를 훈련할 것을 제안한다. '여기로부터', 그리고 동시에 '거기로부터' 바라보려고 노력해야 한다는 것이다. 그에 따르면 하나님은 '모든 곳으로부터' 바라보시는 분이다. 하나님의 방식으로 보는 법을 배우려면 우리도 '여기로부터' 또 '거기로부터' 동시에 바라보는 법을 배워야 한다. '거기로부터', 즉 타인의 관점으로부터 바라보기 위해 필요한 것이 무엇인지를 볼프는 이렇게 제안한다.

먼저, 우리 자신으로부터 외부로 걸어 나가야 한다. 우리가 옳다고 믿어 온 진리들이 "수많은 추악한 편견, 즉 우리의 공상적 공포 혹은 지배하거나 배제하고자 하는 우리의 악한 욕망이 만들어 낸 쓰디쓴 열매에 불과할지도 모른다는 생각을 기꺼이 받아들여야 한다."

그 후, 우리는 타자의 세계로 들어가 잠시 그곳에 살아야 한다. "귀를 열어 다른 사람들이 우리를 어떻게 이해하는지, 그리고 그들 자신을 어떻게 이해하는지 들어보아야 한다"는 것이다. 그리고 타자를 자신의 세계로 받아들인다.

그리고 '거기로부터'의 관점과 '여기로부터'의 관점을 비교하고 대조하여 그 두 관점 모두를 평가해서 수용할 것은 수용하고 거부할 것은 거부하는 것이다. 마지막으로, 이 과정을 반복한다.[4]

다윗은 아비가일의 말을 통해 자신이 옳다고 믿어 온 것이 전부가 아닐 수 있음을 깨달았다. 분노라는 감정에 지배당하고 있을 때에는 자신이 하려는 행동이 모두 옳아 보이고 정의롭다고 믿었을 것이다. 그러나 다윗은 '거기로부터'의 말에 귀를 기울였고, 자신의 세계로 받아들였.

> "주 이스라엘의 하나님이 오늘 그대를 보내어 이렇게 만나게 하여 주셨으니, 주님께 찬양을 드리오. 내가 오늘 사람을 죽이거나 나의 손으로 직접 원수를 갚지 않도록, 그대가 나를 지켜 주었으니, 슬기롭게 권면하여 준 그대에게도 감사하오"(삼상 25:32-33).

다윗의 이 말은 자신이 틀렸다는 것을 인정한다는 고백이다. 잘못된 길을 갈 뻔했으나 아비가일의 슬기로운 권면이 그를 악에서 지켜 주었다. 그러나 그 권면을 받아들인 다윗이야말로 진정한 영웅이다. 다윗은 또 한 번 도약했다. 늘 변화하는 사람이 청년이라 할 수 있다. 아직 성장할 수 있기 때문이다. 성장을 멈춘 이가 늙은이다. 젊지만 늙은이가 있고, 늙었지만 젊은이가 있다. 다윗의 삶이 아름다운 것은 그가 경청하는 사람이기 때문이다.

자신을 향한 하나님의 뜻을 생각하기

아비가일은 분노에 지배당하고 있는 다윗이 하나님의 뜻을 구하도록 돕는다. 하나님이 다윗을 보호하시며 하나님 말씀대로 반드시 왕이 될 것이므로 지금, 순간적인 분노 때문에 왕이 될 미래에 흠집을 내지 말라는 것이다.

> "이제 곧 주님께서 장군께 약속하신 대로, 온갖 좋은 일을 모두 베푸셔서, 장군님을 이스라엘의 영도자로 세워 주실 터인데, 지금 공연히 사람을 죽이신다든지, 몸소 원수를 갚으신다든지 하여, 왕이 되실 때에 후회하시거나 마음에 걸리는 일이 없도록 하시기 바랍니다"(삼상 25:30-31).

무언가에 홀린 듯 하나님의 뜻을 저버리려 할 때, 우리가 누구인지를 상기하는 것은 대단히 중요하다. 한순간의 분노로 불살라 버리기에 우리 인생은 매우 소중한 것이니까. 아비가일은 다윗이 누구인가를 상기시킨다. "당신은 하나님이 약속하신 대로 이스라엘의 왕이 될 사람이다. 그러므로 고작 양고기 몇 조각과 포도주 몇 부대 때문에 당신의 사명을 망쳐 버리지 말라."

다윗이 누구인가는 나발 따위의 평가에 좌우될 수 있는 것이 아니다. 그가 누구인지, 또 무엇을 하는 존재인지는 하나님의 부르심에 달려 있다. 그동안 잘해 오지 않았는가? 여기서 무너지지 말라.

당신을 향한 하나님의 뜻을 기억하라는 것이다. 유진 피터슨은 아비가일의 말을 이렇게 해석했다. "당신이 여기 광야에 있는 것은, 하나님이 무슨 일을 하시며 하나님 앞에서 당신이 누구인가를 발견하기 위해서입니다."[5]

그렇다. 우리의 존재는 어리석은 자의 말로 규정되지 않는다. 다윗은 집 나간 개도 아니었고, 이름 없는 하찮은 존재도 아니었다. 그는 하나님의 부르심에 따라 왕이 될 운명을 지닌 대단히 중요한 사람이다. 그러므로 나발의 말에 상처받지 말라. 갈 길을 가라. 당신은 기껏 나발과 싸우기 위해 부름받은 것이 아니다.

골리앗을 무너뜨린 그 기개와 용맹함, 사울의 병든 영혼을 치유하던 아름다운 감성, 사람들의 영혼을 울리는 시를 쓴 그 고결한 영혼, 사울 안에서도 일말의 거룩함을 찾아낸 그 아름다운 정신으로 더러운 싸움을 싸우지 말라. 당신은 여호와의 싸움을 싸우기 위해 부름받은 사람이라는 사실을 잊지 말라(삼상 25:28). 하나님이 알아서 당신의 원수를 갚으실 것이니 당신은 당신의 길을 가라.

감정은 좋은 것이다. 감정은 하나님이 우리에게 베푸신 세계를 향유하게 하는 하나님이 주신 놀라운 선물이다. 감정이 없다면 우리는 떠오르는 태양을 바라보며 감탄할 수도, 떨어지는 낙엽을 바라보며 눈물을 지을 수도, 꽁꽁 얼어붙은 산하를 보면서 꽃이 피고 새들이 지저귀는 날을 상상하며 가슴이 설렐 수도 없을 것이다. 감정이 없다면 이 땅에 태어나는 모든 생명을 향해 경탄을 보낼 수도, 사랑하는 이와의 이별을 슬퍼할 수도 없을 것이다. 감정은 하나님이 주신 놀라운 선물이다.

그러나 그 감정이 우리를 지배하게 내버려 두어서는 안 된다. 우리가 다스려야 할 감정은 분노만이 아니다. 실패감, 좌절감, 열등감, 우울감, 패배감, 죄책감, 우월감 등 수많은 감정이 우리를 지배하려 들 때, 우리는 하나님의 뜻을 물어야 한다. 하나님의 뜻이 분명해지면, 감정도 제자리를 찾아간다.

광야에서 나발 같은 이들을 만나게 될 때, 그런 사람들이 우리를 제멋대로 재단하고 쉽게 판단하려 들 때, 그래서 주체할 수 없는 분노라는 감정이 우리를 지배하려 할 때, 우리는 마음속 아비가일을 찾아가야 한다. 그리고 그에게 물어야 한다. "아비가일, 하나님이 나를 이 광야에 두신 목적이 무엇이며, 나는 누구인가요?"

경청하고 돌이키라

다윗은 아비가일의 말을 듣고 돌이킨다(삼상 25:32-34). 우리는 아비가일 같은 사람들의 지혜에 귀를 기울여야 한다. 나발은 듣지 않았기 때문에 파멸했다. 그러나 다윗은 들었기 때문에 구원을 받았다. 다윗이 아비가일의 지혜를 듣지 않았다면 어떤 일이 일어났을까?

우리 삶에는 아비가일처럼 다가오는 아름다운 사람들이 있다. 우리가 넘치는 부정적인 감정에 빠져들어 이성을 잃어버릴 때 용감하게 다가오는 사람들을 무시하지 말라. 그들의 말에 귀를 기울이

라. 그리고 돌이키라.

다윗이 아비가일에게 말한다. "주 이스라엘의 하나님이 오늘 그대를 보내어 이렇게 만나게 하여 주셨으니, 주님께 찬양을 드리오. 내가 오늘 사람을 죽이거나 나의 손으로 직접 원수를 갚지 않도록, 그대가 나를 지켜 주었으니, 슬기롭게 권면하여 준 그대에게도 감사하오. 하나님이 그대에게 복을 베풀어 주시기를 바라오"(삼상 25:32-33). 그리고 아비가일이 가지고 온 것을 받고는 "평안히 집으로 돌아가시오. 내가 그대의 말대로 할 터이니, 걱정하지 마시오"(삼상 25:35)라고 말한다. 다윗은 돌이켰다.

우리를 위기로 몰아가는 일들은 골리앗과의 싸움처럼 크고 대단한 일이 아닐 수 있다. 작고 사소해 보이는 일들이 우리의 가장 소중한 것을 파괴할 수 있다. 사탄은 그 작은 것들을 통해 우리의 통제력을 빼앗고, 우리가 누구인지를 잊어버리게 하며, 악한 감정에 붙들려 소명을 놓치게 만든다. 광야에서 우리를 파괴하는 것들은 우연히 듣게 된 나에 대한 뒷담화, 언제부터인가 나를 모른 척하는 친구, 나만 빼고 사람들을 식사에 초대하는 지인, 나와 의견을 달리하는 이들이 될 수 있다.

다윗은 아비가일의 지혜로운 충고를 들었다. 다윗은 아비가일의 말에 귀를 기울임으로 사울로 변해 가는 자신을 멈출 수 있었다. 아비가일의 충고로 다윗은 자신이 누구인지, 그가 어떠한 사람이어야 하는지를 깨닫고, 내면의 거룩과 아름다움을 다시 찾을 수 있었다. 화가 머리끝까지 나 있을 때 보복을 위해 가던 길을 멈추고, 멈추어

서서 경청하는 일은 대단히 어려운 일일지도 모른다.

그러나 어떤 사람들은 사람들 안에 있는 악을 부추긴다. 그들이 하는 일은 마귀가 하는 일과 같다. 분노하게 하고, 편을 가르며, 보복을 권유한다. 악인은 사람들을 요동케 하여 그 안에 있는 악과 분노를 일깨운다. 이들의 말은 우리 귀에 달콤하다. 이들의 격려는 우리의 마음에 악한 쾌락을 선사하기 때문에 이들의 유혹을 물리치는 일은 매우 힘들 수 있다. 그러나 이들의 말에 귀를 기울이게 되면, 우리는 우리의 소명과 영혼의 거룩과 아름다움을 상실하게 된다. 우리는 이 둘을 잘 분별하여야 한다.

하나님은 돌이키는 사람을 사용하신다. 부족한 것 투성이지만, 하나님이 일으키시는 변화를 받아들이고 성장해 가는 사람, 하나님이 기뻐하시는 사람은 그렇게 겸손하고 통회하는 사람이다. 자신을 변화시킬 수 있는 사람이다.

―

저항과 창조의 길,
우리는 광야에 서 있다.

―

8장

곤경과 긍휼
곤경에 빠졌을 때 하나님께 집중하고 긍휼을 베풀라

다윗이 혼자서 생각하였다. '이제 이러다가, 내가 언젠가는 사울의 손에 붙잡혀 죽을 것이다. 살아나는 길은 블레셋 사람의 땅으로 망명하는 것뿐이다'(삼상 27:1).

다윗은 계속되는 사울의 추격에 지쳐 있었다. 사울을 죽일 기회가 있었지만 다윗은 여러 번 그를 살려 주었다. 그때마다 사울은 다시는 다윗을 찾아 죽이려 하지 않겠다고 눈물로 맹세했지만 중독이라도 된 듯 또다시 다윗을 죽이겠다며 군대를 거느리고 돌아왔다. 게다가 사울의 통치 아래 억울한 일을 당한 사람들이 다윗을 찾아와 그의 식솔이 되었다. 때로는 한 사람, 한 가족, 또 때로는 한 무리의 사람들이 찾아오더니 이제는 남자만 600명이 넘었다. 살자고 찾아오는 그들을 매몰차게 내칠 수도 없는 노릇이었다. 계속되는 도피 생활에 많은 식구까지 짊어진 그의 어깨는 무거웠고 다리는 힘이 풀렸다. 무거운 책임감과 사울에 대한 두려움으로 그만 하나님에 대한 집중력을 잃어버리고 말았다.

사울이 던지는 창을 피하면서도, 사냥꾼에게 쫓기는 들개 신세였어도 광야에서 함께하시는 하나님을 바라보던 다윗이었다. 그런 다윗이 하나님을 묵상하는 대신 사울을 묵상한다. 본문 1절을 보면 "다윗이 그 마음에 생각하기를"(개역개정)이라는 구절이 나온다. 새번역 성경에는 "다윗이 혼자서 생각하였다"라고 기록되어 있다. NLT는 다윗이 사울을 "계속"(kept thinking) 생각했다고 번역했다. 다윗은 구원이 되시는 하나님을 생각하지 않고 문제의 근원이 되는 사울에게 집중한 것이다. 사울이 그랬듯이 하나님이 아니라, 두려움을 주는 대상에 집중하다 보면, 따라야 할 소명이나 이루어야 할 꿈을 놓치게 된다.

사울에 대한 두려움에 사로잡힌 다윗은 이스라엘의 적인 블레셋의 아기스에게 도피하기로 결정한다. 소명이 아니라 생존이 목표가 된 것이다. 다윗은 살아남기 위해 도망치기로 결정한다. 사울의 추격을 어떻게 따돌릴 것인가에 몰두한 다윗은 하나님의 뜻을 묻지 않고 혼자 생각하고 혼자 결정을 내린다. 그가 하나님의 대적 블레셋의 왕 아기스에게 보호를 요청한 것은 하나님의 뜻을 숙고한 결정이 아니었다.

다윗은 지금 하나님의 뜻을 묻지 않고 있다. 처음부터 지금까지 자신과 함께해 주시고 친히 보호해 주신 하나님을 망각했다. 사울의 발톱을 피해 아기스의 아가리 속으로 들어가는 다윗은 과연 안전할 수 있을까?

성경을 읽다 보면 인간이 사는 현실을 하나님이 너무 모르고 계신 것이 아닌가라는 생각이 들 때가 있다. 예수님은 "먼저 그의 나라와 그의 의를 구하라 그리하면 이 모든 것을 너희에게 더하시리라"(마 6:33, 개역개정)고 하신다. 헌데, 먹고 사는 문제를 먼저 해결해야 하나님의 나라를 구할 수 있을 것 아닌가?

요한은 계시록에서 그리스도인들에게 황제 숭배 의식에 참여하지 말라고 명한다(계 13:14-18, 19:19-21). 황제 숭배 의식에 참여하지 않으면 상인들은 모든 상거래에서 배제될 각오를 해야 하는데도 말이다. 고린도전서에서 바울은 신전에서 벌어지는 연회에 참여해 고기를 먹지 말라고 명한다(고전 10:18-22). 가난한 그리스도인들이 실족할 수 있기 때문이라는 것이다. 사업이 번창하거나 새로운 사업을 시작할 때 로마인들은 자신의 신들에게 제사를 드리고, 유력한 이들을 초대해 신전 레스토랑에서 함께 고기를 먹으며 인맥을 넓히고 사업 관계를 돈독히 했다. 그러한 식사 초대를 거부하는 것은 "나는 그 사업에 동참하지 않겠다"는 일종의 절교 선언이었다. 그 자리에 참여하지 않고 어떻게 사업을 하라는 말인가?

곤경에 빠졌다고 두려움에 빠지지 말라

누군들 그렇게 하지 않겠는가? 사울의 추격을 어떻게 따돌릴 것인가에 몰두한 다윗은 블레셋으로 망명하기로 작정한다. 유대에 남아 왕이 되라는 하나님의 부르심은 잊어버리고 블레셋 왕의 졸개가 되기로 결정한 것이다. 그는 하나님의 뜻이 아닌 두려움에 떠밀려 망명을 결정했다.

다윗이 당시 하나님의 백성의 원수인 블레셋 가드의 왕 아기스에게 도망쳐 망명한 것에 대해 사무엘서는 뚜렷한 판단을 내리지 않는다. 그러나 사무엘서는 대체로 다윗이 행한 선택의 결과를 보여 주어 우리에게 교훈하는 방식으로 기록되어 있다. 한 예로 다윗의 일부다처를 뚜렷하게 판단하지는 않지만 그 열매인 자식들이 결국은 하나 되지 못하고 탐욕과 증오로 서로 살해하는 모습을 보여 주어 다윗의 호색을 비판한다. 다윗이 아기스에게 망명한 사건 역시 그것이 몰고 온 결과를 보면, 다윗의 선택이 얼마나 위험한 것이었는지 알 수 있다.

다윗은 항상 하나님의 뜻을 묻는 사람이었다. 블레셋에 공격받고 있는 그일라 거민들을 보호하러 출정할 때도 다윗은 하나님의 뜻을 물었다. 사실 그것은 이스라엘 왕 사울의 일이었으나, 다윗은 의연하게 '왕'이 마땅히 해야 할 일을 했다. 나아가 그일라 거민들이 자신을 사울에게 넘길 것인지를 여쭈었을 때 하나님은 그들이 그를 사울에게 넘길 것이라 말씀하셨다. 다윗은 자신을 배신한 그일라 거민들에게 보복하지 않고 600명의 전사들과 함께 그 땅을 떠난다. 하나님의 뜻이기 때문이다. 사울을 죽일 수 있는데도 그를 죽이지 않은 것 역시 하나님이 세우신 왕을 자기 손으로 죽이는 것은 하나님의 뜻이 아니라고 믿었기 때문이다. 그가 사울을 피할 수 있었던 것은 하나님의 도우심 때문이었다. 하나님의 뜻대로 행할 때 하나님이 그를 보호하신다.

그러나 사울이 그랬듯이 다윗도 하나님보다 사람을 더 두려워했을 때 변질되고 말았다. 선지자 갓은 다윗에게 유다 땅으로 들어가야 한다고 요청했다(삼상 22:5). 다윗은 유다 땅에 머물며 왕이 되기 위한 준비를 해야 했을 것이다. 후일 사울과 요나단이 블레셋과의 전투 중에 사망한 후, 다윗이 유다 땅 헤브론에서 왕으로 추대된 것을 보면 갓이 왜 다윗에게 유다로 들어가라고 했는지 짐작할 수 있다. 그러나 이때, 다윗의 마음은 사울의 추격으로 약해져 있었고, 그의 시선은 그만 하나님을 놓치고 말았다.

도피의 대가는 혹독했다. 다윗은 자신과 자기 사람들의 안전을 위해서 사울을 피해 아기스에게 망명했으나 이제는 사울 대신 아기스를 두려워해야 했다. 그는 적국의 왕에게 마음에도 없는 충성을 맹세하고 비굴하게 살아야 했다. 아기스는 그런 다윗을 좋게 보고 그를 영원히 자신의 부하로 삼으려 했다. 왕이 되려는 운명을 타고난 위대한 남자가 몰락하고 있었다. 아기스에게로 온 이상 그는 왕처럼 살지 못했다.

아무런 보상도 없이 그일라 거민들을 구출하고 나발의 목자들과 양 떼를 보호하는 일에 자신이 가진 힘을 사용한 다윗이었으나 이제 그는 죄 없는 주민들을 약탈하고 학살하는 무자비한 강도로 변해 버렸다(삼상 27:8-9).

특히 아말렉은 이스라엘의 철천지원수다. 이스라엘이 이집트를 탈출할 때는 이스라엘의 후미를 공격해 약탈했다. 후미에 있는 여자와 어린아이들을 고의적으로 살육하고 약탈한 것이다. 이스라엘에 힘이 없던 사사 시대에는 수시로 출몰해 이스라엘을 공격했고, 씨앗을 심어 놓으면 온 땅을 망쳐 놓았으며, 먹을 것을 하나도 남기지 않고 육축들까지 남기지 않고 약탈해 갔다(삿 6:3-6). 급기야 다윗과 그의 사람들이 아기스를 따라 이스라엘을 치는 전쟁에 가담하기 위해 시글락을 비운 사이, 아말렉 족속은 남자가 없는 성을 공격해 여자와 아이들을 싹 다 잡아갔다. 다윗이 아말렉 주민들을 약탈하고 학살한 것은 아마 망명 중에도 하나님의 싸움을 싸우려 했기 때문인 것 같다.

그런데 다윗은 하나님이 극렬히 분노하신 아말렉을 복제하고 있었다. 군인이 아닌 무장하지 않은 주민들을 약탈하고 학살한 행위는 아말렉의 그것과 전혀 다르지 않았다. 그가 왕으로 기름 부음을 받은 것은 하나님의 정의와 공의가 실현되는 나라를 세우기 위한 것이었는데, 그는 그만 타락하고 만 것이다. 왕이 될 사람이 도적 떼의 두목이 되어 버렸다. 사울을 두려워하다가 사울이 되고 말았다. 혹자는 다윗이 도피하는 중에도 하나님 백성의 적들을 소탕하고 있었다며 다윗의 처지를 강변한다. 하지만 비록 적이었다고는 하나 블레셋과 동맹을 맺고 있는 아말렉과 그술의 거민들을 약탈하고 남녀노소 할 것 없이 죽여 버린 것은 하나님께 기름 부음 받아 왕이 되려는 사람이 할 짓은 아니었다.

특히 다윗이 그곳 주민들을 약탈하고 학살한 이유는 혹시라도 살아남은 자들이 아기스에게 자신이 한 일과 거짓말을 알게 할까 두려워서였다고 사무엘서는 기록하고 있다(삼상 27:11). 그것은 하나님의 거룩한 헤렘 전쟁도 아니었고, 부족이나 국가 간의 어떤 명예나 이익이 충돌해서 생긴 전쟁도 아니었다. 다윗은 사울이 두려워 아기스에게로 피했지만, 지금은 아기스가 두려워 불의한 학살을 자행하고 있다. 급기야 다윗은 자기 백성인 이스라엘과 전쟁을 벌여야 하는 위기에까지 몰리게 된다.

다윗은 생존과 안전을 위해 아기스에게 망명했다. 그곳에서 먹고사는 문제는 해결되었을지 모른다. 아둘람의 컴컴한 동굴을 안식처로 삼아 살아왔는데 시글락에 성도 생기고 가족이 거주할 집도 생겼다. 그곳에서 결혼도 하고 재산도 늘었다. 그러나 그들은 시쳇말로 '가오'를 잃어버렸다. 이건 아니지 않은가?

그리스도인이 사명을 잃어버리게 되면 이런 일들이 일어난다. 하나님의 뜻을 묻지 않고 두려움에 추동되어 세상으로의 도피를 선택할 때, 이런 일들이 일어나는 것이다. 다윗은 결코 그곳에서 안전하지 못했다. 그럴 즈음 아기스가 이스라엘을 치려고 군대를 모은 것이다. 다윗은 자신이 지켜 온 신앙과 신념을 잃어버릴 위기에 처했다.

마침, 다윗의 배신을 두려워한 아기스의 부하들이 다윗의 출전을 가로막는다(삼상 29:4). 다행이다. 다윗은 자신의 군사들과 함께 시글락으로 돌아왔다. 그러나 그곳에는 처자들이 사라지고 없었다. 아말렉 사람들이 다 사로잡아 끌고 가 버린 것이다. 그곳은 안전한 땅이 아니었다!

두려움 때문에 도피하지 말라

그리스 신화에 나오는 히드라는 머리가 아홉 개 달린 물뱀으로 레르네라는 늪에 산다. 히드라는 아홉 개의 입에서 독을 내뿜어 짐승과 사람을 잡아먹는다. 이 괴물의 머리 중 하나는 영원히 죽지 않는 불사의 머리이고, 나머지 머리들은 하나가 잘리면 잘린 곳에서 두세 개의 머리가 새로 생겨나와 보는 사람을 공포에 빠뜨린다. 세상에서 우리가 만나는 문제는 마치 이 괴물 히드라와 같다. 이제 산 하나를 넘었다 싶으면 두세 개의 봉우리가 또 나타나고, 이 문제를 해결했다 싶으면 저 문제들이 출몰한다. 마치 히드라의 머리처럼 하나를 잘라 내면 두세 개가 생겨나는 식이다. 세상살이는 우리를 지치게 만든다.

다윗과 그의 무리는 원하지 않는 전쟁에 참가할 뻔했다가 사흘을 걸어 가족들이 있는 땅 시글락에 도착했다. 하나님의 섭리로 시글락으로 돌아오게 된 다윗과 그의 사람들은 처자식을 보고 싶은 마음에 발걸음을 재촉했다. 아무리 전쟁에 익숙하다 할지라도 그들 역시 전쟁은 두려웠을 것이고, 비록 자신들을 죽이려 하는 사람들이었지만 동족과의 전쟁은 마음을 심히 무겁게 했을 것이다. 전쟁에 참가하지 않아도 된다는 전갈을 받았을 때 그들은 안도의 한숨을 내쉬며 이제 집에 가서 좀 쉬겠구나 생각했을 것이다.

그러나 예상과 달리 그들이 돌아왔을 때 시글락에서는 아이들의 환호성과 아내의 미소 대신 검게 피어오르는 연기와 공포스러운 정적만이 그들을 기다리고 있었다. 그들은 졸지에 모든 것을 잃어버렸다. 장정들이 전쟁터에 나가기 위해 땅을 비운 틈을 타서 간악한 아말렉인들이 그들의 아내와 아이들을 사로잡아 끌고 가 버린 것이다. 그들의 아내는 이민족의 노리개가 되고, 자식들은 평생 노예로 살다가 늙고 병들면 버려질 운명에 처했다.

슬픔과 분노가 치밀어 오르고, 마음 깊은 곳에서 막을 수 없는 통곡이 터져 나왔다. 그들은 기력이 다할 정도로 울었다. 자신들을 이런 처지로 몰아넣은 다윗이 원망스러웠다. '이 모든 일은 다윗 때문에 일어났다!' 생각이 거기에 미치자 그들은 돌을 들어 다윗을 치려 했다(삼상 30:6). 곤경에 빠진 사람들은 주저앉아 다른 사람을 원망하기가 쉽다. 해결책을 찾기보다 원망할 대상을 찾는 것이다.

다윗을 향해 돌을 던진다고 그들의 분노와 절망이 가라앉을 수 있을까? 이러한 반응은 소중한 것을 잃어버리고 곤경에 빠진 사람들의 전형적인 반응이다. 낙심하고, 슬퍼하며, 원망하는 것이다. 그러나 이것은 별 도움이 되지 못한다. 다윗이 사라지면 그들은 절망에다 자신들의 지도자를 죽였다는 죄책까지 더하게 될 것이다. 다윗은 두려움에 사로잡혀 안전을 위해 아기스에게로 피했지만, 결코 안전한 적이 없었다. 미친 척하며 수염에 침을 흘려야 살아남을 수 있었고, 자신이 그토록 사랑한 하나님의 백성의 적이 되어 전장에서 그들을 죽일 뻔하였다. 그는 그들의 왕이 될 사람이었는데 말이다. 게다가 하마터면, 사랑하는 처자들까지 다 잃어버릴 뻔하였다.

멀리멀리 도망치고 싶을 때가 있다. 하나님이 살아 내라 하시는 삶이 몹시 무겁게 느껴질 때, 우리는 세상으로 도망치고 싶은 유혹을 받는다. 야근을 밥 먹듯이 하는데도 산더미처럼 쌓이기만 하는 업무, 나만 바라보고 있는 식구들의 무거운 시선, 껌딱지처럼 딱 달라붙어 잠시도 쉴 틈을 주지 않고 엉겨 붙는 아이들, 줄이고 줄여서 겨우 숨만 쉬고 사는데도 날아드는 청구서들과 매달 숨이 막히도록 목을 조여 오는 대출금, 더 견딜 수 없을 만큼 싫어진 사람들에 둘러싸여 있을 때, 우리는 달아나고 싶다.

이렇듯 일상의 무게만으로도 충분히 무겁지만 우리는 그리스도인이다. 살아 내야 하는 삶이 있다. 성도들과 함께 하나님의 나라를 세워 가야 한다. 유진 피터슨의 말을 빌리자면 우리는 주와 함께 달려가야 한다. 말들과 함께 달려가야 한다. 불가능해 보이는 삶을 살아 내야 한다.[1] 다음세대에 말씀을 가르치고, 사랑하기에 버거운 사람들을 사랑해야 하며, 용서하기 힘든 사람들을 용서해야 한다. 이 땅의 가난한 자, 세상의 포로 된 자들, 거짓 메시지로 눈먼 자, 세상살이에 눌린 자들을 찾아가서 예수님이 사신 것처럼 살아야 한다. 진리의 복음을 전하고, 그들의 필요를 채워 주며 사랑해야 한다. 사울이 지배하는 세상에서 다윗이 싸워야 했듯이 우리도 하나님의 싸움을 싸워야 한다. 때로, 이것이 너무 무겁게 느껴진다.

허나, 세상으로 도피한다고 문제가 해결되지는 않는다. 그것은 늑대를 피해 악어의 입속으로 들어가는 것과 같다. 삶의 무게가 우리를 짓누르고, 다 포기하고 내 맘대로 살고 싶은 유혹이 들 때 우리는 어떻게 해야 하는가? 하나님의 말씀에 귀를 기울여야 한다. 하나님이 우리를 인도하실 것을 신뢰함으로 하나님의 뜻을 찾아야 한다. 하나님이 우리에게 걷기를 원하신 길이라면 하나님이 걸을 수 있는 힘을 주실 것을 믿어야 한다. 우리를 부르신 부르심에 주목해야 한다.

우리를 두렵게 하는 것들에 마음을 빼앗기면 길을 잃을 수 있다. 다윗이 승리했을 때는 하나님께 마음을 두고, 그분을 묵상하며 사랑하고, 그분께 집중했을 때였다. 그러나 자신을 두렵게 하는 것들에 시선을 빼앗겼을 때 다윗은 넘어지고 말았다. 무엇보다도 우리는 누구를 위해, 무엇을 위한 싸움을 싸우고 있는지를 스스로에게 끊임없이 물어보아야 한다.

곤경 속에서도 하나님의 뜻을 묻고 담대하게 실행하라

지도자로서 다윗은 커다란 곤경에 빠졌다. 자신을 믿고 따르는 사람들이 자신이 내린 결정 때문에 커다란 슬픔에 빠지게 된 것이다. 이보다 곤혹스러운 일이 있을까? 그를 따르던 충성스러운 사람들이 그를 향해 돌을 들어 죽이려 하고 있었다. 잡혀간 처자식들은 누가, 언제, 어디로 잡아갔는지조차 알 수 없다. 주저앉을 수도 있었다. 바로 그때 다윗은 일어선다. 낙심하거나 절망하지 않는다. 그는 하나님을 의지하여 일어선다.

그러나 다윗은 자기가 믿는 주 하나님을 더욱 굳게 의지하였다 (삼상 30:6).

다윗의 신앙이 빛을 발하는 순간이다. 하나님께 대한 신뢰가 없는 사람은 이때 무너진다. 그러나 하나님을 신뢰하는 사람은 바로 이때에 여호와 하나님을 힘입어 일어선다. 그리고 용기를 낸다. 그는 엎드려 기도한다. 하나님의 인도를 구한다. 하나님의 뜻을 묻는 데 사용한 제사장의 의복 에봇을 가져오라고 명령한 뒤에 그는 주님께 묻는다. " '제가 이 강도들을 추격하면 따라잡을 수 있겠습니까?' 주님께서 그에게 대답하셨다. '네가 틀림없이 따라잡고, 또 틀림없이 되찾을 것이니, 추격하여라!' "(삼상 30:8) 그는 하나님의 뜻을 묻고 일어나 하나님을 의지하여 믿고 달려간다. 그는 자신이 있는 곳에서 일어나 하나님이 말씀하신 곳을 향해 달려간다. 그는 부하들을 데리고 출동한다.

다행히도 다윗은 다시 하나님의 뜻을 물었다. 그리고 하나님의 뜻을 따라 군사들을 모아 아말렉에게 빼앗긴 아내와 자식들을 구하러 갔다. 다윗은 하나님을 위해 싸울 때 가장 빛났다. 하나님의 이름으로 무장도 없이 물맷돌 다섯 개만 들고 골리앗 앞에 섰을 때, 다윗은 떠오르는 태양처럼 눈부셨다. 블레셋 사람들에게 약탈당하고 있던 그일라 백성을 구하기 위해 하나님의 뜻을 묻고 달려가는 다윗은 사냥감을 향해 달리는 젊은 수사자처럼 아름다웠다. 그의 집은 화려하고 편안한 궁궐이 아닌 컴컴하고 냄새나는 아둘람의 초라

한 동굴이었지만, 상처받고 억울한 일을 당한 이들을 차마 내치지 못하고 안아 주던 다윗이야말로 세상을 다 가진 왕이었다.

어디로 가야 할지 알 수 없는 곤경에 빠져 있을 때 우리는 말씀을 펴 들고 기도해야 한다. 하나님의 뜻을 물어야 한다. 다윗은 에봇으로 하나님의 뜻을 물었지만, 에봇이 없는 우리에게는 하나님의 말씀과 하나님의 사람들, 그리고 하나님이 조성하시는 환경이 있다. 달라스 윌라드는 「하나님의 음성」(IVP 역간)이라는 책에서 하나님은 지금도 여전히 이 세 가지를 통해 말씀하실 수 있다고 말한다. 하나님의 말씀을 깊이 묵상해 온 사람들에게는 하나님이 주시는 지혜로 분별할 수 있는 힘이 생긴다. 하나님의 인도를 받는 성숙한 사람들은 우리가 당면한 곤경에 대해 해줄 말들을 가지고 있다. 그리고 하나님은 우연을 가장하고 때로 숨어서 일하시므로 하나님이 우리의 환경을 어떻게 조성하시는지를 주의를 기울여 들여다보면 하나님의 뜻을 알 수 있다.²

하나님의 뜻이면 하나님이 길을 보여 주신다. 보이지 않는다고 길이 없는 것은 아니다. 하나님은 우리를 막다른 골목으로 내몰지 않으신다. 하나님은 피할 길을 내신다. 길이 사라진 곳에 바다를 가르고, 강물을 절단하며, 산들을 깎아서라도 길을 내신다. 우리가 상상할 수 없는 방식으로 하나님은 길을 내신다.

여호와께 범죄하고 바벨론에 포로로 끌려왔을 때, 이스라엘 백성들 눈에는 다시 시온으로 돌아갈 길이 보이지 않았다. 그러나 하나님은 그들이 상상할 수 없는 방법으로 그들을 시온으로 돌아오게 하셨다. 하나님이 이방의 왕 고레스를 사용하셔서 유대인들이 고향으로 돌아가 그들의 하나님을 섬기게 하신 것이다. 세계사에서 가장 위대한 지도자로 칭송받는 고레스는 '키루스 2세'로 알려진 페르시아의 왕이다. 그 왕 고레스가 칙령을 내려 유대인들에게 고향으로 돌아가서 하나님을 섬기라고 명령한 것이다.

페르시아의 고레스 왕이 왕위에 오른 첫 해에, 주님께서는 예레미야를 시켜서 하신 말씀을 이루시려고, 페르시아의 고레스 왕의 마음을 움직이셨다. 고레스는 온 나라에 명령을 내리고, 그것을 다음과 같이 조서로 써서 돌렸다. "페르시아의 고레스 왕은 다음과 같이 선포한다. 주 하늘의 하나님께서 나에게 이 땅 위의 모든 나라를 주셔서 다스리게 하시고, 유다의 예루살렘에 그의 성전을 지으라고 명하셨다. 이 나라 사람 가운데, 하나님을 섬기는 모든 백성에게, 하나님께서 함께 계시기를 빈다. 그들을 모두 올라가게 하여라"(대하 36:22-23).

전설로 의심되던 이 이야기는 1879년, 점토로 만들어진 원통 모양에 고레스의 칙령이 새겨진 '고레스 실린더'가 발견되면서 역사적 사실로 알려졌다. 이스라엘에 내린 고레스 칙령은 하나님께서는 하나님의 백성이 걷는 길을 예비하신다는 하나의 예다.
하나님의 뜻을 좇아 살아간 사람들에게 하나님이 길을 열어 주신 이야기를 하자면 끝이 없을 것이다. 하나님 나라를 위해 살다가 막다른 골목이라 느껴지는 곳에 서 있는가? 넘치는 요단강에 믿음으로 발을 담글 때 우리는 그 강이 갈라질 것을 믿어야 한다. 하나님은 우리의 구원이시기 때문이다.

곤경 속에서도 긍휼을 베풀라

다시 하나님의 뜻을 묻고 응답을 받은 후, 다윗은 가족을 찾기 위해 떠났다. 브솔 시냇가에 도달했을 때 완전히 탈진해 버린 사람들이 나타나기 시작했다. 다윗은 브솔 시내를 건너지 못할 만큼 지친 사람 200명을 그 자리에 남겨 두고, 남은 400명을 거느리고 다시 추격에 나섰다. 남은 200명의 사람들은 함께 가고 싶었지만 도저히 체력이 달려서 함께 갈 수가 없었다. 그중에는 적은 병력으로 아말렉 군대를 이길 자신이 없는 사람들도 있었을 것이다.

전진할 힘을 잃어버린 사람들은 가족을 잃어버린 것 외에 또 다른 곤경에 빠졌다. 문제를 해결하기 위해 나섰다가 그들 스스로가 문제가 되어 버린 것이다. 공동체의 짐을 덜어 주려고 나섰다가 그만 그들이 짐이 되어 버렸다. 이들을 데리고 가면 문제가 더 커질 것은 분명했다.

다윗은 그런 그들을 이해했다. 곤경 속에서도 그는 자비를 잃지 않았다. 몸과 마음이 지치면 화가 나고 다른 사람의 곤경을 돌아보기가 어렵다. 그러나 다윗은 브솔 시냇가에서 은혜를 베풀었다. 더 나아갈 힘이 없는 사람들을 브솔 시냇가에서 쉬게 했다. 다윗과 그의 사람들은 그들의 곤경을 이해해 주려고 한다. 그들은 다윗의 리더십 아래서 점점 긍휼을 배워 가고 있었다. 더 전진할 힘을 잃어버린 사람들에게 브솔 시냇가는 은총이다. 몸과 마음이 지친 사람들이 삶의 무게와 힘겨움을 잠시 내려놓고 쉴 수 있는 회복의 장소다. 그곳에서 그들은 다시 일어날 힘을 얻었다.

아말렉인들을 쫓는 와중에 다윗의 사람들은 버림받은 이집트 소년을 발견한다. 그 이집트 소년은 사막 한가운데서 주인에게 버림받고 목마름과 배고픔으로 죽어 가고 있었다. 그는 사흘 동안이나 먹지도, 마시지도 못했다. 견딜 수 없는 더위와 추위가 번갈아 들이닥치는 혹독한 사막에서 병든 몸으로 죽어 가고 있었던 것이다.

이 사건은 아말렉인들의 무자비함과 비인간적인 모습을 적나라하게 보여 준다. 이는 하나님을 모르는, 육체의 욕망을 따르는 세상의 전형적인 모습이다. 이 이집트 소년은 실컷 부림을 당하다가 병이 드니 사막 한복판에 버려진 것이다. 이 소년은 배신감, 공포, 원망, 외로움과 무기력 등 인간이 느낄 수 있는 모든 부정적인 감정을 경험하며 홀로 사막에서 죽어 가고 있었을 것이다.

다윗의 사람들은 곤경에 빠진 소년에게 은혜를 베푼다. 자신들도 갈 길이 바쁘고 양식도 부족했을 텐데 곤경에 빠진 이 소년에게 시간과 음식을 내어 준다. 곤경에 빠진 사람이 곤경에 빠진 사람을 구한다. 절망하고 있던 한 청년에게 한 무리의 청년들이 나타나 그를 돕는다. 그것은 여호와의 은혜였다. 자신들의 곤경에도 불구하고 또 다른 곤경에 빠진 한 청년을 구해 준 것이다. 다윗의 사람들이 그를 다윗에게 데려갔다. 다윗이 물어보니 그는 아말렉의 종이었고, 아말렉 사람들이 처자들을 어디로 데려갔는지 알고 있었다. 그는 자신의 생명을 살려 준 이들에 대한 보답으로 그들의 처자가 잡혀간 길을 알려 준다. 이것은 다윗에게 임한 하나님의 은혜였다.

다윗과 그의 사람들을 위한 하나님의 도우심은 뜻밖의 장소에서 나타났다. 타인의 도움 없이는 구원 얻을 희망이 없을 만큼 힘없는 사람을 통해 하나님의 은혜가 나타난 것이다. 이것이 하나님의 헤세드가 작동하는 방식이다. 곤경에 빠진 사람이 또 다른 곤경에 빠진 사람을 돕는 것이다. 곤경에 빠진 힘없는 그가 누군가의 도움이 절실한 그들에게 구원의 길을 제시한다.

곤경에 빠졌을 때 우리는 쉬이 자기중심적으로 변한다. 다윗의 사람들이 곤경에 빠진 이 노예 소년을 모른 척 지나쳤다면 어떻게 되었을까? 지나칠 수 있는 명분은 많았을 것이다. "더 급한 일이 있다", "잡혀간 식구들이 더 급하다", "지체할 시간이 없다", "돌봐 주어도 회생할 가망성이 없다", "이 추적이 언제 끝날지 알 수 없는데 귀한 식량을 나눠 줄 수는 없다", "시체를 만지는 일은 부정한 일이다" 등등.

그러나 구원은 뜻밖의 장소와 사람들에게서 출현할 수 있다. 그곳이 바로 하나님의 긍휼과 은혜가 베풀어지는 곳이다. 곤경에 빠졌더라도 타인의 곤경에 눈감지 않으며, 그를 위해 자신의 시간과 소유를 아낌없이 내어 주는 자에게 하나님은 은혜를 베푸신다.

누군가가 나타나 구원해 주기만을 기다리는 사람들이 있다. 다윗과 남자들이 전쟁터로 나간 뒤 시글락에 아말렉인들이 들이닥쳤다. 부녀자들과 자녀들은 모두 사로잡혀 끌려갔다. 전쟁을 위해 떠난 다윗과 그의 군사들은 언제 돌아올지 알 수 없었다. 아말렉인들에게 사로잡혀 끌려가고 있는 그들의 운명은 비관적이었다. 앞으로 그들은 사랑하는 사람을 볼 수 없을 것이다. 사랑하는 부모와 형제들과도 헤어져 살아야 한다. 중노동과 비인간적인 대우와 착취에 시달리며 평생을 살아야 할지도 모른다.

새벽이었다. 아말렉인 군대가 성공에 대취해 먹고 마시며 놀다가 잠들었을 때에 다윗과 그의 군대가 그들을 구하러 왔다. 마치 영화의 한 장면처럼 말이다. 다윗의 사람들은 새벽부터 해 질 녘까지 그들과 큰 싸움을 벌였고 대승을 거두었다. 다윗의 군사들은 낙타를 타고 도주한 400명의 남자들 외에 남은 자 없이 아말렉을 궤멸시켰다.

하나님은 구원하시는 분이다. 그분은 다윗을 통해 그들을 구원하셨다. 곤경에 빠졌을 때는, 자기 연민의 늪에 빠질 수도 있고 자신을 곤경에 빠뜨린 누군가를 원망하며 시간을 허비할 수도 있다. 곤경에 빠진 다윗은 일어나 기도했고, 하나님의 뜻을 물었다. 그리고 일어나 해야 할 일을 했다. 자신도 곤경에 빠져 있었지만 또 다른 곤경에 빠진 사람들에게 긍휼을 베풀었다. 이 일은 사람들에게 영향을 끼쳤다. 다윗의 긍휼이 다윗의 사람들에게로 번져 나갔다. 그들은 사막에서 곤경에 빠진 노예를 구해 주고 돌보았다. 바로 그

소년이 베푼 은혜로 다윗은 처자들을 되찾는다.

하나님은 다윗을 사용하셔서, 깨질 뻔한 다윗 공동체를 은혜와 긍휼이라는 강력한 접착제로 다시 하나 되게 하신다. 가장 소중한 것을 잃을 뻔한 다윗의 사람들은 그것을 되찾는다. 노예로 팔려 갈 뻔한 사람들은 많은 재물과 풍부함을 가지고 되돌아온다.

브솔 시냇가에 남겨진 사람들에게는 전리품을 나누지 말자는 불량한 사람들에게 다윗은 말한다. "은혜로 얻었으니 은혜로 나누라"(삼상 30:23-24 참조). 낙오자들이 은혜를 입는다. 더 나아가 다윗의 전리품은 유다 각 성에 나누어진다. 바로 이것이 하나님께서 세상에 정의를 세우시는 방식이다. 다윗으로 말미암아 하나님의 은혜가 지배하는 헤세드의 공동체가 세워진다.

곤경에 빠진 이들과 헤세드의 공동체를 이루라

우리를 무겁게 짓누르는 짐을 벗고자 세상으로 도피하는 것은 정답이 될 수 없다. 하나님은 하나님을 굳게 의지하고, 하나님의 뜻을 묻고, 그 길을 가는 자에게 은혜를 베푸신다. 그리고 더 나아가 하나님은 곤경에 빠져서도, 또 다른 곤경에 빠진 자들을 돕는 은혜의 공동체를 다윗을 통해 세우길 원하신 것이다. 하나님의 나라에서는 '상한 갈대'가 '상한 갈대'를 일으켜 세우고, '꺼져 가는 등불'이 '꺼져 가는 등불'에 기름을 빌려 준다. 하나님의 은혜가 베풀어지는 곳에 하나님의 은혜가 나타난다. 바로 이 하나님의 은혜가 작동하는 하나님 나라를 세우는 것이 바로 하나님이 다윗을 왕으로 세우시며 기대하신 것이다. 그리스도인은 곤경에 빠졌을지라도 곤경에 빠진 사람들을 위해 긍휼을 베풀며 살아야 한다.

세상살이 자체가 곤경이다. 대학에 들어가기 위해서 청춘을 온통 공부에 쏟아 부어 입학하고 나면, 또 힘들게 취업을 준비해야 하고, 취업했다고 기뻐하는 순간도 잠시 결혼을 준비해야 한다. 결혼하고 나면 육아로 고생하고, 육아가 끝났다 싶으면 아이들 뒷바라지에 등골이 휜다. 아이들을 대학에 보내고 좀 쉬겠다 싶었는데 이번에는 부모님이 병원을 전전한다. 그렇게 병치레가 끝나면 인생은 황혼이다. 그때부터는 우리가 아프다. 그때 우리는 누군가의 짐이 된다.

룻은 타국에서 남편과 아들들을 잃은 나오미에게 긍휼을 베푼다. 자신도 남편을 잃고 자식도 없이 낙망한 상태지만 룻은 지독한 곤경에 빠진 시모 나오미를 섬기기 위해 나오미를 따라 타국으로 떠난다. 시모를 따라간 타국 이스라엘에서 룻은 최선을 다해 나오미를 섬긴다. 그런 룻에게 보아스가 은혜를 베푼다. 보아스에게 룻은 하나님의 은혜다. 룻처럼 아름답고 성숙한 여성이 아내가 되어 주겠다고 하니 말이다. 은혜가 은혜를 낳고, 긍휼이 긍휼을 낳는다. 그리하여 하나님의 헤세드가 작동하는 공동체가 창조된다. 이것이 하나님이 세상에 세우기를 원하신 하나님의 은혜가 지배하는 나라다. 왕으로서 다윗의 사명은 바로 여호와 하나님의 사랑이 지배하는 공동체를 세우는 것이다.

예수님은 다윗의 계보를 잇는 메시아, 왕이시다. 예수님은 열방으로부터 하나님의 나라를 살아갈 하나님의 백성들을 불러 모아 하나님의 은혜가 지배하는 나라, 헤세드의 공동체를 세우려 하신다. "내 계명은 이것이다. 내가 너희를 사랑한 것과 같이, 너희도 서로 사랑하여라"(요 15:12). 우리는 서로를 사랑하되, 예수님이 우리를 사랑하신 것처럼 사랑해야 한다. 주님은 우리가 죄인일 때부터 사랑하셨고, 우리를 위하여 목숨을 버리기까지 사랑하셨다. 우리가 그렇게 서로를 사랑할 때 세상에 서로를 긍휼히 여기며 사랑하는 '헤세드'의 나라가 세워진다. 바로 이 일을 위해 예수님이 우리를 부르신 것이다.

힘이 들고 어려워도 포기하지 말고, 월터 브루그만이 말한 것처럼 하나님의 말씀으로 형성된 상상력으로 이 땅에 하나님이 다스리시는 공동체를 창조하자.[3] 교회는 저항과 창조의 공동체다. 그리스도인은 탐욕과 폭력에 찌든 세상에 저항하고, 헤세드의 하나님 나라의 질서를 창조하는 사람이다.

그리스도인은 황폐한 땅에 나무를 심어 숲을 이루는 사람들과 같다. 장 지오노가 쓴 「나무를 심은 사람」에는 황폐한 땅에 좋은 씨앗을 골라 나무를 심는 사람의 이야기가 나온다. 엘제아르 부피에라는 이름의 그 사나이는 많은 어려움에도 성실하게 날마다 황폐한 땅으로 나가 고르고 또 고른 좋은 도토리를 심고, 싹이 나고 줄기가 자라면 극진히 돌본다. 결국에는 그가 심은 나무들이 자라 숲을 이루게 되고, 곤충과 새, 짐승, 그리고 사람도 찾아오는 풍요로운 땅을 이룬다. 꿈같이 여겨진 이런 일들이 실제로 중국과 세계 곳곳에서 일어나고 있다.⁴ 사막을 숲으로 만든 사람들의 기적 같은 이야기가 실제로 전해지고 있는 것이다.

예수님은 하나님의 나라가 겨자씨처럼 작지만 새들이 와서 깃들이는 큰 나무와 같이 성장할 것이라고 말씀하셨다. 또 하나님의 나라는 한 줌에 불과한 것 같지만 결국에는 온 마을을 먹일 반죽으로 변화시키는 누룩과 같다고도 말씀하셨다(마 13:31-33). 천국의 자녀인 그리스도인들이 뿌려지는 그곳에는 하나님 나라가 자란다. 크게 자라 사람들을 불러 모아 하나님 나라의 공동체를 이루며, 세상을 변화시킨다. 그리스도인은 불의가 있는 곳에 공의를, 미움과 차별이 있는 곳에 용서와 화해를, 분쟁이 있는 곳에 평화를, 가난이 있는 곳에 풍요를, 억압과 착취가 있는 곳에 자유와 해방의 나무를 심어 하나님의 숲을 이루는 사람이다.

낙심하지 말자. 도망치지도 말자. 남을 원망하지도 말자. 일어나 하나님의 뜻을 묻고 실행하자. 할 수 있는 최선을 다하자. 그리고 곤란한 중에도 곤경에 빠진 사람들을 위해 긍휼을 베풀길 주저하지 말자. 교회를 헤세드의 공동체로 세우자. 내 안과 밖에 있는 세상에 저항하고, 광야 같은 이 땅에 하나님 나라의 나무를 심자.

9장 무너짐이라는 기회

삶이 무너질 때 다시 광야로 나가라

> 이렇게 해서 다윗의 부하들이 모두 그의 앞을 지나갈 때에, 온 땅이 울음바다가 되었다. 왕이 기드론 시내를 건너가니, 그의 부하도 모두 그의 앞을 지나서, 광야 쪽으로 행군하였다(삼하 15:23).

왕이 된 다윗은 드디어 광야를 벗어나 왕궁으로 거처를 옮긴다. 자신을 불안하게도, 깨어 있게도 만들던 광야의 시간은 이제 끝이 난 것 같았다. 그런데 어느 날, 다윗의 아들 압살롬이 자신을 왕이라 선포하고 다윗에게 감히 반역을 감행했다. 다윗은 다시 광야로 쫓겨난다. 왕좌에 오른 뒤, 다시 광야로 쫓겨나는 일은 상상도 못한 일이었다. 자신을 죽이려는 왕 사울을 피해 광야로 달아났던 다윗이 지금은 왕이 되려는 아들에게 쫓겨서 살기 위해 다시 광야로 달아난다.

다윗은 패배한 일이 없는 불패의 장수요, 이스라엘을 정의와 공의로 통치한 위대한 왕이었다. 그런데 압살롬의 반역으로 다윗은 광야로 내몰렸다. 다윗이 압살롬을 피해 광야로 들어간 것은 압살롬을 이길 수 없었기 때문이 아니라 아들 압살롬을 살리려 했기 때문이었을지도 모른다.[1] 어쨌든 압살롬의 반역은 다윗의 삶이 한꺼번에 무너져 버렸음을 보여 준다.

다윗의 삶은 그야말로 총체적으로 무너졌다. 가정에서는 실패한 가장이 되었다. 아버지를 죽이고 왕이 되려는 반역자가 바로 자신의 자식이었다. 왕으로서도 실패했다. 백성이 자신에게 등을 돌리고 압살롬에게 마음을 주고 있었던 것이다. 오랫동안 맺어 온 우정 관계도 깨졌다. 오랜 친구이자 조언자로 함께한 아히도벨이 자신을 배신하고 압살롬의 참모가 되었다. 왕궁을 관리하라고 남겨 둔 후궁들은 백성들이 보는 앞에서 아들에게 겁탈당했다. 다윗의 삶은 속절없이 와르르 무너져 내렸다.

다윗의 몰락이 한순간에 별안간 찾아온 것은 아니었다. 사실 붕괴는 오래전부터 시작되고 있었다. 대부분의 붕괴가 어느 순간 갑자기 일어나는 듯 보인다. 그러나 보통 균열은 오래전부터 시작된다. 모든 붕괴가 그러하듯이 다윗의 삶도 한순간에 무너진 것이 아니었다. 왕으로서 이룬 빛나는 성공이 다윗의 눈을 가렸다. 성공에 눈이 멀어 자신의 삶에 나타난 작은 균열을 발견하지 못한 것이다. 붕괴가 일어날 때는 모든 힘이 약한 곳으로 쏠리게 된다. 건물이든 인생이든 그 약한 곳이 무게를 버티다 한계가 오면 작은 균열로 시작해 전체가 무너지게 된다.

아버지의 빈자리

다윗의 삶에 처음 균열이 일어난 곳은 가정이었다. 다윗 자신도 가정에서 하찮게 취급받으며 사랑받지 못하고 자랐다. 그래서였을까? 다윗은 아버지로서 자녀들을 잘 돌보지 못했다. 그의 아들들은 이교도보다 더한 악행을 저질렀다. 하나님의 백성은 하나님의 뜻을 따라 사는 사람들이다. 하지만 그들의 삶을 보면 하나님의 뜻은 안중에도 없고, 우상 숭배자보다 더 철저히 탐욕에 이끌리는 삶을 살았다.

큰아들 암논은 이복 누이 다말을 속여 성폭행하고는 책임지지 않고 쫓아내 버린다. 다말의 오빠 압살롬은 2년 동안이나 복수심을 숨기고 있다가 잔치에 형제들을 초청해 암논을 죽여 버린다.

큰아들 암논에게서 하나님의 백성다운 면을 찾기는 매우 어렵다. 암논은 추악한 욕망에 사로잡혀 이복동생 다말과 동침하기를 갈망했다. 그는 다말과 동침하기 위해 수단과 방법을 가리지 않는다. 암논의 마른 욕망을 알아차린 요나답은 아픈 척해서 다말을 침실로 끌어들이라고 계략을 꾸며 준다. 암논은 요나답의 계략을 받아들여 아버지 다윗에게 다말이 자신을 위해 요리를 하게 해달라고 요청한다. 다윗의 요청에 따라 다말은 암논을 위해 요리를 해주다 그의 계략에 말려들어 강간을 당하고 만다(삼하 13장).

아버지 다윗의 장점을 가장 많이 닮은 딸 다말, 다말은 아버지 다윗처럼 아름다웠고, 지혜롭고 또 강인했다. 다말은 이런 악한 일을 하지 말고 정식으로 아버지께 부탁해 청혼하라고, 지금 당신이 저지르는 일은 자신과 당신 모두에게 불행을 가져올 뿐이라고 이성적으로 암논을 설득하며 끝까지 강력하게 저항한다.

그러나 암논의 눈에는 다말의 수치와 고통이 보이지 않는다. 자신에게 들이닥칠 불운한 미래도 보이지 않는다. 지금 그에게 중요한 일은 오로지 자신의 추잡한 욕망을 채우는 것이다. 그는 다말을 강간한다. 그것만으로도 극악한 짓인데, 거기에 더해 겁탈한 다말을 책임지지 않고 쫓아낸다. 욕망을 채우고 난 암논의 마음이 다말에 대한 증오로 변했기 때문이다. 다말은 이 일은 더욱 악한 일이니 자신을 책임지라고 다시 한 번 암논에게 호소하지만, 암논은 하인들을 불러다가 다말을 쫓아내고 빗장까지 걸어 잠근다.

다말은 강간을 당하고 쫓겨난 후 자신이 입고 있던, 처녀를 상징하는 색동옷을 찢고 목 놓아 울며 집으로 돌아간다. 다말의 행위는 궁중과 성내 사람들에게 알리는 공개적인 '미투'였다. 다말은 통곡과 행동으로 자신이 당한 억울한 처지와 암논의 악행을 온 성에 고발한다.[2] 다말은 궁으로 돌아가지 못하고, 오빠 압살롬의 집에서 처량하게 지낸다. 처녀를 욕보였다면 책임을 지고 보상하여 아내로 삼으라는 신명기 말씀(신 22:28-29)이 아니어도 이런 일은 처벌을 받아 마땅한 극악무도한 일이다. 암논의 마음에는 하나님의 말씀도, 하나님도, 아버지도 없었다. 오로지 자기 욕망을 채우는 일만 중요했다.

압살롬 역시 마찬가지였다. 그는 철저한 보복을 위해 다말에게 함구령을 내린다. 그리고 2년 뒤 양털 깎는 날, 암논을 암살할 계획을 세우고 다윗의 자녀들을 초대해 잔치를 벌인다. 이날, 압살롬은 자신의 종들을 시켜 암논을 살해한다. 암논을 살해한 것은 동생의 일로 인한 복수심 때문이기도 했지만, 후일 그가 왕이 되려는 야욕으로 인한 것이기도 했다. 암논을 제거하면 가장 강력한 경쟁자가 사라지는 셈이기 때문이다.[3]

왕이 되기 위해 압살롬이 행한 일들을 보면, 다윗이 걸어온 길과는 매우 다르다. 다윗은 왕이 되기 위해 경쟁자를 죽이거나 암살하지 않았다. 그는 여호와의 길을 선택했다. 반면, 압살롬은 왕이 되기 위해 거짓과 위선으로 백성의 마음을 훔쳤다. 왕위를 찬탈해 스스로 왕좌에 올랐다. 스스로 왕이 된 후 처음 한 일이라는 게 아버지의 후궁들과 동침해 아버지 다윗을 모욕한 것이었다. 암논이 성욕에 사로잡혀 있었다면, 압살롬은 권력욕에 눈이 멀어 있었다.

이들이 보여 주는 행태는 이들에게 하나님이 차지하실 자리가 '없음'을 보여 준다. 그들의 행위는 사실 하나님을 모르는 이방인들도 하지 않던 일들이다. 다윗은 자녀들을 하나님의 백성으로 양육하지 못했다. 그는 왕으로서는 성실했으나 아버지로서는 게을렀다. 빌 하이벨스는 이것을 "선택적 게으름"이라고 불렀다.[4] 왕으로서의 성공이 아버지로서의 성공을 말해 주지는 않는다. 전사로서의 성공이 아버지로서의 성공을 대신해 줄 수는 없다. 직장에서의 성공이 우리의 가정을 지켜 줄 수 없고, 존경받는 신앙인으로 교회에서 인정받는 삶이 자녀들에 대한 모범과 가르침을 대신할 수 없다.

우리가 돌보지 않은 관계들은 반드시 균열을 일으키고, 삶의 무게가 더해지면 무너져 내리게 된다. 아주 성실한 사람도 특정한 영역에서는 게으름뱅이가 될 수 있다. 다윗이 그 예다. 그리고 그 결과는 비참했다.

암논이 패륜을 저질렀을 때, 아버지 다윗은 속으로 분노하기만 한다. 아버지로서 어떠한 조치도 취하지 않는다. 그가 암논에 대해 어떤 처벌이나 훈계를 하지 않은 이유는 암논의 정치적인 위상 때문인 것으로 보인다.[5] 다윗은 자녀들과의 관계에서도 아버지가 아닌 정치가로 행동한다. 다윗이 암논을 대하는 태도는 상대하기 버거운 요압을 상대하는 것과 같아 보인다.

아버지로서 다윗은 다말을 위로하고 상처를 보듬어 주어야 했다. 게다가 눈에 넣어도 아프지 않을 딸이 아니던가? 아버지로서 딸과 함께 분노하며 울어 줄 수도 있었을 것이다. 그러나 다말의 상처에 대해서는 한마디 말도 없다. 아버지 다윗이 다말을 위해 울었다거나, 그를 위해 어떤 일을 했다는 기록은 없다. 사무엘서 기자는 다말이 왕궁에 들어가지 못하고 오빠 압살롬의 집에서 처량하게 지내게 되었다고 쓰고 있다(삼하 13:20). 처녀만이 왕궁에 머물 수 있다는 당시의 규례 때문이었을 수도 있다. 여기에서도 '아버지' 다윗은 없다. 오로지 정치적인 실익을 따지는 매우 정치적인 왕 다윗만 있을 뿐이다.

다윗은 다말의 오빠 압살롬을 불러 그 마음을 다독거리지도 않는다. 다윗이 아들 압살롬의 잔인하고 교활한 성정을 몰랐을 리 없다. 압살롬이 동생의 복수를 위해서라면 무슨 일이라도 저지를 수 있는 인물이라는 것을 알았을 것이다. 압살롬을 불러 미리 경고하고, 그의 마음을 다독여 후환을 없앨 수도 있었을 것이다. 그러나 다윗은 아버지로서 마땅히 해야 할 그 어떤 일도 하지 않는다. 암논을 살해한 압살롬은 어머니의 고향 그술로 도망친다. 다윗은 3년 동안이나 압살롬을 찾지 않는다. 후일 요압의 모략으로 압살롬은 예루살렘으로 돌아오지만 다윗은 2년 동안 그의 얼굴을 보지 않는다. 다윗은 아들 압살롬을 아버지가 아닌 왕으로서 대한다. 이것에 앙심을 품은 압살롬은 아버지 다윗에게 반역을 일으키고, 백성이 보는 앞에서 아버지의 후궁들을 유린한다.

뜻밖에도 위대한 왕 다윗의 삶을 무너뜨린 것은 '빈자리'였다. 그것은 가정의 빈자리, 바로 아버지의 빈자리였다. 다윗의 궁궐은 적국의 강한 왕과 장수가 아닌 그의 가정으로부터 속절없이 무너져 내렸다. 다윗은 위대한 왕이었고 훌륭한 신앙인이었지만, 좋은 아버지가 되지 못했다. 아마 전쟁하고 왕 노릇 하느라 자녀들을 만날 시간도 없었을 것이다. 아버지의 빈자리가 왕좌를 무너뜨렸다.

아버지의 빈자리가 아내와 자녀의 삶을 무너뜨린다. 오늘날 교회의 다음세대들이 무너지는 이유도 어쩌면 아버지의 빈자리일 가능성이 높다. 성경은 부모에게 자녀의 스승이 되라고 명령한다(신 6:20-25). 아버지의 빈자리는 크다. 뉴욕 대학의 심리학 교수인 폴 비츠는 유명한 무신론자였던 사람들을 연구해 「무신론의 심리학」(새물결플러스 역간)이라는 책을 썼다. 그에 따르면 니체, 흄, 러셀, 프로

이트, 볼테르 같은 무신론자들은 아버지가 없거나 아버지가 있어도 아버지 역할을 하지 못하고 폭력적이거나 유약했다는 것이다.

바울은 심은 대로 거둘 것이라고 했다. 우리가 육의 것, 즉 하나님 없이 심고 키우고 세운 것들은 결국 망하게 된다. 우리가 영의 것, 즉 하나님의 뜻을 따라 심고 키운 것들은 성령의 열매를 맺는다. 다윗은 이스라엘을 하나님의 정의와 공의로 잘 다스렸지만, 그의 작은 왕국인 가정은 하나님의 뜻대로 세우지 못했다.

소명을 위한 자리는 우리가 맺는 관계들 안에 있다. 하나님과의 관계, 지체들과의 관계, 가족과의 관계, 친구들과의 관계, 타인들과 맺는 관계, 원수와의 관계……. 이 관계들이 하나님의 뜻을 실현해야 할 궁극의 장소다. 성령의 열매를 생각해 보자. "사랑, 기쁨, 평화, 인내, 긍휼, 선함, 신실, 온유, 절제"(갈 5:22-23), 이 열매들을 맺어야 하는 장소는 바로 우리가 맺는 나와 너 사이의 관계다. 우리는 우리가 맺는 유기적인 관계들 속에서 하나님 나라의 열매를 맺어야 한다.

깨어진 결혼

모든 화재의 시작에는 발화점이 있게 마련이다. 화재가 일어나면 소방관들은 발화점을 찾는다. 전기 누전, 담뱃불, 부탄가스, 불장난 등, 부주의와 작은 실수로 발화된 불은 결국 온 집을 태우고 나서야 진압이 되는 경우가 많다.

다윗의 삶을 전소시킬 만한 위기에 처하게 만든 발화점은 바로 결혼이었다. 다윗의 불행은 불온한 사랑에서 발화되었다. 아브라함은 사라를 사랑했다. 사라가 죽자 아브라함은 "사라를 생각하면서, 곡을 하며 울었다"(창 23:2). 아브라함은 사라를 묻은 곳에 함께 묻힌다(창 25:10). 이삭도 리브가를 사랑했다. 성경은 "리브가는 이삭의 아내가 되었으며, 이삭은 그를 사랑하였다"고 기록하고 있다(창 24:67). 야곱은 라헬을 사랑해서 14년의 노동을 삼촌 라반에게 바쳤다. "야곱은 레아보다, 라헬을 더 사랑하였다. 그는 또다시 칠 년 동안 라반의 일을 하였다"(창 29:30).

그런데 다윗은 아내를 사랑하지 않았다. 사무엘서 전체에 걸쳐 다윗이 누구를 사랑했다는 기록은 나타나지 않는다.[6] 다윗의 아내들은 다윗의 욕망을 위해 소비될 뿐이다.

신명기는 왕이 처첩을 많이 두어서는 안 된다고 분명하게 명한다. "왕은 또 많은 아내를 둠으로써 그의 마음이 다른 데로 쏠리게 하는 일이 없어야 하며"(신 17:17). 그러나 헤브론에서 다윗은 아내가 벌써 여섯이나 되었다. 광야에서 얻은 아내가 아히노암과 아비가일이니, 나머지 네 사람은 헤브론에서 얻었을 것이다. 다윗은 예루살렘에 들어와서 더 많은 아내를 맞아 자녀를 낳는다. 헤브론에서 얻었다고 기록된 아들만 여섯이고, 예루살렘에 와서 얻은 아들들, 여기에 기록된 아들이 열한 명이다. 딸들의 이름은 다말을 제외하고는 나타나지도 않는다. 정말 아내도 많고 자식도 많았다.

불행한 아내, 미갈

그의 첫 아내 미갈은 다윗을 사랑했다. "사울의 딸 미갈이 다윗을 사랑하였다"(삼상 18:20). 그런데 다윗이 미갈을 사랑했는지는 의문이다. 미갈과의 결혼을 추진한 사람은 사울 왕이었다. 사울은 미갈을 통해 다윗을 죽이고자 했다. 성경에는 미갈이 다윗을 사랑했다는 말은 나오지만 다윗의 마음은 오리무중이다. 미갈은 자신의 목숨을 걸고 다윗을 탈출시키기도 했다. 그러나 다윗이 도망자 신세가 되고 난 뒤 미갈과의 관계도 소원해지고 결국 미갈은 발디엘이라는 사람에게 시집을 간다.

사울과 요나단이 죽고 왕이 되자 다윗은 이미 다른 사람의 아내가 된 미갈을 빼앗아 온다. 발디엘은 울면서 미갈을 따라오지만 어쩔 도리가 없다(삼하 3:14-16). 이미 다른 사람의 아내가 되어 있는 미갈을 다시 빼앗아 온 것은 그가 여전히 사울 가문의 정당한 사위임을 드러내어 북이스라엘에 대한 세력을 확보하기 위한 것이었다.

미갈이 다윗에게로 왔지만 둘의 관계는 순탄하지 못했던 것으로 보인다. 언약궤가 예루살렘으로 들어오던 날, 다윗은 언약궤 앞에서 춤을 추었다. 그 광경을 본 미갈은 다윗의 모습을 업신여긴다. 다윗이 자기 집안 식구들에게 복을 빌러 들어올 때였다. 미갈은 다윗에게 이스라엘의 임금이 신하들의 아내들이 보는 앞에서 춤을 추어 벌거벗은 몸을 드러내었으니, 이게 임금이 할 일이냐며 노골적으로 경멸을 드러내었다. 이 일 후에 다윗은 미갈이 죽을 때까지 발길을 끊었고, 그 둘 사이에는 자식이 없었다(삼하 6:23).

부자 아내, 아비가일

데이비드 울프는 다윗이 아비가일을 아내로 맞아들임으로 막강한 재정 후원자를 얻게 되었다고 말한다. "아비가일과의 결혼으로 유다 남부에 있는 나발의 영지가 다윗의 수중으로 들어왔고, 난생처음 자신의 소유지를 갖게 된 다윗은 약탈자에서 재력가로 변신한다."[7] 나발의 무례함 때문에 화가 난 다윗이 나발과 온 식솔을 학살할 뻔했다는 보고를 받은 나발은 심장마비로 죽는다. 나발이 죽자 다윗은 시종들을 보내 아비가일에게 청혼을 하고, 아비가일은 그의 제안을 받아들여 다윗의 아내가 된다.

아비가일을 아내로 삼은 것은 다윗의 적극적인 선택이었고, 아비가일도 다윗의 제안에 능동적으로 화답했다. 아비가일에게 청혼할 때 다윗은 무슨 생각이었을까? 아비가일에게 청혼할 당시 다윗은 이미 이스르엘 사람 '아히노암'과 결혼한 상태였다. 다윗은 아비가일과 결혼함으로 남유다에 자신의 근거지를 마련할 수 있게 되었다. 미갈과의 결혼과 마찬가지로 이 결혼은 다윗에게 사랑보다는 권력에 더 기울어진 선택이었다고 볼 수 있다.

다윗은 아비가일과의 사이에서 길르압이라는 아들을 본다. 그 후 아비가일의 이름은 아말렉에 포로로 잡혀갔을 때와 다윗의 자녀들을 언급할 때 말고는 다시 등장하지 않는다. 이 현명한 여인은 어떻게 되었을까? 궁금하지만 그 뒷이야기는 나오지 않는다.

타인의 아내, 밧세바

다윗이 밧세바를 만나는 장면은 성경에서 가장 유명한 일화 중 하나다. 부하들을 출전시키고 왕궁에 남아 있던 다윗은 저녁에 일어나 목욕하는 아름다운 여인을 보았다. 다윗은 신하를 시켜 아름다운 여인 밧세바를 왕궁으로 데려와 동침한다. 하룻밤에 벌어진 정사로 밧세바는 임신을 하고, 다윗은 자신의 잘못을 무마하기 위한 계책을 세운다. 밧세바의 남편 우리아를 불러들여 아내와 동침할 기회를 준 것이다. 그러나 충성스러운 우리아는 아내와 동침하지 않고 부하들과 함께 잔다. 한 번 더 우리아를 불러 밧세바와 동침시키기 위해 그에게 먹고 마시게 했으나 우리아는 또다시 부하들과 함께 잔다.

자신의 범죄를 무마하려 한 다윗의 시도가 실패로 끝난 후, 이 이야기에서 가장 잔인하고 끔찍한 장면이 등장한다. 다윗이 우리아를 죽이려는 계략을 써서 요압에게 보내는 편지를 바로 그, 우리아의 손에 들려 보낸 것이다. 우리아는 편지에 적힌 대로 죽을 수밖에 없는 치열한 전장으로 보내져 살해당한다. 이 일로 우리아와 함께 무고한 다윗의 부하 몇 사람도 죽임을 당한다.

우리아가 살아 있게 된다면 다윗의 왕좌는 위협을 받았을 것이 분명하다. 사울의 생명을 아끼던 의로운 다윗이었으나, 자신의 왕좌를 지키기 위해서는 부하의 생명을 아끼지 않는다. 비루한 자들의 욕망에 굴하지 않고 부하들에게 전리품을 나누어 준 다윗이었으나, 자신의 욕정을 채우기 위해서는 부하의 아내를 겁탈한다. 이 사실이 알려지면, 다윗의 리더십은 결코 신뢰받지 못할 것이다. 그래서 다윗은 우리아를 살해한다. 다윗의 이중성은 보는 이로 하여금 치를 떨며 몸서리치게 한다. 결국 밧세바와의 동침으로 낳은 자식은 여호와 하나님이 치셔서 일찍 죽고 만다.

그밖에 다윗의 아내들
다윗에게는 사울의 딸 미갈, 부자 나발의 아내 아비가일, 장군 우리아의 아내 밧세바처럼 유명하고 유력한 아내도 있었지만 이름조차 알 수 없는 아내도 많았다. 그들도 저들과 마찬가지로 다윗의 욕망을 채우기 위해 선택되었을 가능성이 높다. 어떤 아내는 권력을 위해, 또 어떤 아내는 정욕을 위해……. 다윗은 그 많은 아내를 사랑할 수 없었다. 한 명의 아내도 사랑하기가 어려운 판에, 저렇게 많은 아내를 어떻게 진심으로 사랑할 수 있겠는가? 당연한 결과지만 다윗에게서 태어난 많은 자식은 부모가 서로 사랑하는 모습을 보지 못하면서 자라고, 아버지의 따뜻한 사랑과 지혜로운 가르침을 받지 못했을 것이다.

암논이 다말에게 몹쓸 짓을 저질렀을 때, 다윗이 암논을 질책하지 못한 것도 다윗 자신이 자식들에게 떳떳하지 못했기 때문일 수 있다. 부모가 자녀에게 서로 사랑하는 모습을 보여 주는 것만큼 자녀를 건강하게 양육하는 방법은 없다. 자녀는 서로 사랑하고, 용서하며, 다투더라도 화해하고, 서로의 실수와 단점에도 곁을 지키는 신실한 부모의 모습을 통해 사람이 맺어야 할 건강한 관계를 배우게 된다. 그러나 다윗의 자녀들은 그것을 배우지 못했다. 암논은 이복 여동생을 건강하게 사랑하는 법을 배우지 못했다. 그에게 여성은 아버지에게 그랬듯 오직 욕망의 대상이었다. 압살롬은 용서하는 법을 배우지 못했다. 그는 다윗의 모사 아히도벨이 다윗을 버리고 선택할 만큼 똑똑하고 유능한 지도자였지만 사람을 품는 일에는 무능하고 잔인한 지도자로 자라났다.

육체의 욕망

다윗의 결혼 생활이 실패로 끝나고 그의 가정이 파괴된 근본적인 이유는 그가 육체의 욕망을 따라서였다. 다윗은 음행과 더러움과 방탕에 이끌려 남의 아내를 빼앗았을 뿐 아니라 충성스러운 부하를 살해하였다. 다윗이 육체의 욕망을 따라 맺은 열매인 맏아들은 음욕에 휩싸여 무고한 한 소녀의 인생을 파괴했고, 형제는 서로 원수가 되어 물어뜯고 잡아먹었으며, 결국 또 다른 아들은 권력에 대한 욕망을 다스리지 못하고 아버지의 나라를 찬탈하려 전쟁을 일으켰다. 사무엘서 기자는 다윗이 정의와 공의로 이스라엘을 다스렸다고 평가하지만, 정의와 공의로 세워진 다윗의 왕국은 다윗가의 육체의 욕망으로 허망하게 무너지고 있었다.

바울은 육체를 따라 살면 반드시 죽을 것이라고 했다. 바울이 말한 육체는 하나님 없이 형성된 자아다. 육체의 욕망을 따른 열매는 우리의 소중한 관계와 공동체를 파괴한다. "곧 음행과 더러움과 방탕과 우상 숭배와 마술과 원수 맺음과 다툼과 시기와 분 냄과 분쟁과 분열과 파당과 질투와 술 취함과 흥청망청 먹고 마시는 놀음과, 그와 같은 것들입니다"(갈 5:19-21). 육체적 삶의 결국은 "서로 물어뜯고 잡아먹[는]" 것이며, 피차 멸망하고 마는 것이다(갈 5:15). 다윗은 바울이 말한 육체의 욕망을 따라 살다가 망한 사례에 꼭 들어맞는 사람이다. 다윗의 파탄은 육체를 위하여 심는 사람의 결국을 여과 없이 보여 준다.

다윗은 권력욕과 성적인 욕망을 따라 하나님이 금하신 많은 아내를 두었고, 그 사이에 태어난 자녀들은 아버지의 빈자리 때문에 심각한 내적 결핍을 겪어야 했다. 이복동생을 욕망하는 암논의 모습은 전형적인 중독자의 모습이다. 대체로 중독자는 친밀감과 쾌락을 혼동한다. 친밀감에 대한 대용품으로 쾌락을 추구하지만, 그것이 채워지고 나면 깊은 환멸에 빠져든다. 암논의 모습은 쾌락을 위해 많은 여인을 아내로 삼은 다윗의 축소판이었다. 다윗은 욕망을 이기지 못하고 충성스러운 부하의 아내 밧세바를 성폭행한다. 아버지 다윗은 맏아들 암논이 다말을 강간하고 버렸을 때 분노하지만, 불쌍한 딸 다말을 투명인간 취급한다. 공적인 인간으로서 다윗은 강한 책임감을 가지고 문제를 해결했지만 이상하리만치 가정에서 일어나는 일들에 대해서는 무심하고 무정하다.

다윗의 이 모든 악이 압살롬에게로 집약되었다. 그리고 더 참을 수 없는 지경에 이르렀을 때, 압살롬이라는 댐은 터져 버렸고 다윗의 삶과 세계는 무너지고 말았다.

다윗의 실패는 어디서 비롯된 것일까? 데이비드 울프는 다윗의 실패가 그의 성공 때문이었다고 보았다. "아니면 너무도 갑작스러운 성공에 현기증을 느낀 것일까? 느닷없이 등장해 급부상하며 하나님의 선택을 받고 백성들의 사랑을 독차지하며 젊은 나이에 권력을 거머쥔 데다 하나님의 든든한 후원까지 받아 냈다면, 이제 균형상 반대편으로 지렛대의 중심이 옮아갈 차례가 되었다. 다윗은 추락하기 시작한다."[8]

다윗의 성공과 왕위가 영원히 보존될 것이라는 하나님의 약속은 그를 태만하게 만들어 육체의 욕망을 추구하게 했다는 것이다. 모든 것을 다 이루고 보좌에 앉은 다윗은 채워지지 않은 자신의 은밀한 욕망을 적극적으로 따랐다.

이러한 유혹과 실패는 모든 하나님의 백성에게 찾아올 수 있다. 바울은 갈라디아 성도들에게 "성령으로 시작하였다가, 이제 와서는 육체로 끝마치려" 하느냐고 경고하였다(갈 3:3). 처음에는 신실하게 하나님의 뜻을 좇던 목회자들이 이른바 성공적인 목사가 된 뒤에 타락하는 모습을 우리는 언론을 통해 자주 접한다. 하나님의 마음으로 시작한 기독교인들의 선한 일이 기득권이 되어 부패의 온상이 되고 있는 모습도 본다. 고난 속에서는 믿음을 지킨 교회가 성장한 후에 돈과 권력 때문에 타락하는 모습을 지금 우리의 교회 역사에서 경험하고 있다. 성공 후에 찾아오는 안일함은 그리스도인과 교회의 가장 큰 적이다.

모두들 한국 기독교가 세계에서 유래를 찾을 수 없을 정도로 빠르게 성장했다고 칭송하는 사이, 한국 교회는 세계에서 유래를 찾아볼 수 없을 정도로 신속히 몰락하는 중이다. 소수였고, 가난했고, 힘없이 시작된 한국 교회는 넘치는 재정과 크고 화려한 건물, 돈 많고 힘 있는 성공한 기독교인들을 가지게 되었다. 하지만 겉으로 보이는 성공 뒤에 조국 교회는 "개신교 역사상 지금의 한국 교회만큼 타락한 교회는 없었다"는 평가를 받고 있다.[9] 우리는 다시 일어날 수 있을까?

광야에 길이 있다

다윗이 아들 압살롬에게 쫓겨난 곳은 사실 문자적으로 '광야'가 아니었다. 다윗의 피난길은 예루살렘 동쪽 기드론 계곡, 올리브산, 바후림, 요단강을 건너 마하나임에 이르는데, 이 길은 광야 길이 아닌 '산과 계곡 길'이다.[10] 그런데도 사무엘서 기자는 의도적으로 다윗이 '광야 길'로 쫓겨 갔다고 쓰고 있다. 다윗은 왕위에 오르기 전 사울에게 개처럼 쫓기던 시절로 돌아가게 된 것이다.

광야에는 회복의 능력이 있다. 광야에서는 무언가 중요한 일이 잉태된다. 새로운 역사를 시작하거나, 회복을 일으키거나, 소명을 위한 삶을 준비시키기 위해 하나님은 하나님의 백성을 광야로 보내신다. 출애굽한 이스라엘 백성은 광야에서 40년을 지내며 하나님의 백성이 되기 위해 양육받았다. 엘리야는 이스라엘의 마음을 하나님께로 되돌리는 일에 실패한 뒤 죽기를 자청하며 광야로 들어갔다. 그곳에서 엘리야는 우상 숭배에 빠진 왕을 대신할 새 왕을 세울 소명을 부여받는다. 예수님은 공생애를 시작하기 전 40일 동안 광야에서 금식하시며 자신을 준비하셨다. 요한은 광야에서 메시아가 오시는 길을 예비했다.

하나님이 다윗을 광야라고 불리는 곳으로 쫓아내시는 이유는 다윗이 정신을 차리고 회복하게 하기 위함이었다. 그는 광야에서 회복된다. '광야'는 다윗에게 특별한 장소다. 다윗의 광야는 하나님께서 그를 왕다운 왕으로 빚으신 곳이었다. 다윗은 광야에서 함께 새로운 왕국을 꿈꿀 동지들을 얻었고, 그들은 함께 강해져 갔다. 사무엘서 기자가 다윗이 광야로 쫓겨 갔다고 쓴 이유는 그가 다시 회복될 것을 암시하기 위해서다.

우리의 세계가 무너져 내릴 때에는 다시 광야로 가야 한다. 하나님이 우리를 광야로 보내실 때는 그분의 말씀을 듣고 회복하게 하시기 위함이라는 사실을 깨달아야만 한다. 오히려 하찮은 이로 취급받던 광야 시절에 젊은 다윗은 비범한 삶을 살아 냈다. 반면, 존귀한 대접을 받고 있는 왕궁에서는 하찮은 인생을 살고 있다. 다윗은 왕궁의 높은 보좌에서 길을 잃었지만, 거칠고 낮은 광야에서 다시 길을 찾는다.

하나님은 다윗을 회복시키기 위해 광야로 내모신다. 광야로 쫓겨난 다윗은 다시 하나님을 찾는다. 다윗은 자주 넘어지지만, 그때마다 다시 돌아온다. 그는 죄인이지만, 하나님을 결코 포기하지 않는다. 그는 최후의 순간까지도 하나님을 붙든다. 자신을 용납하시고 사랑하시는 하나님을 한순간도 의심하지 않는다. 하나님은 이런 그를 사랑하지 않을 수 없으셨다.

다윗에게 압살롬이 만든 광야가 없었다면 사울의 길을 따라 비참한 최후를 맞이했을지도 모른다. 광야는 다윗에게 축복이었다. 그 광야에서 다윗은 멋지게 회복되어 돌아온다. 다윗은 쫓겨난 광야에서 어떻게 다시 돌아올 수 있었을까? 광야로 나가 우리가 해야 할 일은 무엇일까?

하나님의 뜻에 맡기라

다윗은 하나님의 뜻에 자신을 맡겼다. 제사장 사독과 레위인들이 언약궤를 메고 다윗의 행로를 앞질러 가 있었다. 다윗은 그들에게 언약궤를 메고 다시 도성으로 돌아가라 명하며 이렇게 말한다.

> "내가 주님께 은혜를 입으면, 주님께서 나를 다시 돌려보내 주셔서, 이 궤와 이 궤가 있는 곳을 다시 보게 하실 것이오. 그러나 주님께서 나를 싫다고 하시면, 오직 주님께서 바라시는 대로 나에게 이루시기를 빌 수밖에 없소"(삼하 15:25b-26).

그는 자신의 회복을 하나님께 맡겼다. 다윗이 언약궤를 예루살렘으로 돌려보낸 것도 하나님을 조종하려 들지 않았기 때문이다.[11]

그는 하나님의 때에 하나님의 방법으로 다시 돌아올 것이다. 그러나 하나님이 원하지 않으셔서 그가 원하는 때, 원하는 자리로 돌아오지 못할지라도 자신의 운명을 하나님의 뜻에 맡기기로 작정한다.

세계적인 베스트셀러 「내면세계의 질서와 영적 성장」(IVP 역간)을 쓴 고든 맥도날드도 자신의 세계가 무너지는 것을 경험했다. "사역을 하다 보면 교인들 중에 정말 끔찍하게 실패하는 사람들을 만나게 된다. 나도 실패했다. 나도 모든 것을 잃은 경험이 뭔지 알고 있다." 그를 신뢰하던 사람들이 떠나서 돌아오지 않고, 예배를 드리러 갈 때는 아무도 자신을 알아보지 못하길 바라는 마음뿐이던 고통의 시간을 겪었다. 고든은 그토록 끔찍한 고통의 순간에는 하나님이 하시는 말씀을 들어야 한다고 말한다.

> 그러나 중요한 것은 그 실패의 순간에 하나님이 하시는 말씀이 무엇인지 귀 기울여 들어야 한다는 것이다. 내 경험에 의하면 이 절망과 회개의 순간에 하나님께서는 정말 아름다운 말씀들을 들려주신다.[12]

인생의 광야는 하나님의 말씀을 듣는 처소다. 고든 맥도날드는 인생이 무너지는 광야에서 주님이 들려주시는 아름다운 말씀을 들었다. 3년의 회복 기간을 거쳐 자신과 같은 부서진 마음을 가진 이들의 설교자로 다시 서게 되었다. 광야가 회복의 장소가 되려면, 하나님께 귀를 기울여야 한다.

현실적인 계획을 세우라

다윗은 돌아올 수 있는 길을 적극적으로 찾았다. 그는 하나님의 뜻에 자신을 의탁하는 것과, 자신이 돌아오기 위해 생각하고 계획하고 전략을 짜는 일에 모순을 느끼지 않았다. 다윗에게 하나님을 신뢰하는 것은 분별하지 않음이나 체념을 의미하는 것이 아니었다.[13] 다윗은 사독에게 "네가 선견자가 아니냐"(삼하 15:27, 개역개정)라고 말한다. 사독이 해야 할 일은 선견자로서 하나님의 뜻을 분별하여 왕에게 알려 주는 것이다.

다윗은 사독에게서 기별이 도착하기까지 광야 나루터에서 기다릴 것이라고 말한다. 다윗은 예루살렘에서 일어나는 일들과 상황을 '선견자'에게 듣고 올바르게 판단하고 행동하려 하였다.

또 천재 모략가 아히도벨이 압살롬에게 붙었다는 소식을 듣고 다윗은 하나님께 기도한다. "여호와여 원하옵건대 아히도벨의 모략을 어리석게 하옵소서"(삼하 15:31, 개역개정). 동시에 자신과 운명을 함께하기로 작정하고 나아온 후새를 예루살렘에 남겨 아히도벨의 모략이 실패로 돌아가게 하는 역할을 맡긴다. 하나님의 모략과도 같다는 평가를 받는 아히도벨의 모략이 성공하면 다윗은 다시 예루살렘으로 돌아갈 가능성이 희박해지기 때문이다.

이처럼 다윗에게는 하나님을 신뢰하여 자신을 맡기는 일과, 자신의 회복을 위해 적극적으로 생각하고 행동하는 것이 서로 모순되는 일이 아니었다. 마찬가지로 우리 삶이 무너지고 교회가 쇠락의 길을 걸을 때, 그저 하나님이 하실 일을 기대하기만 해서는 안 된다. 우리는 하나님께 우리의 운명을 맡기며, 동시에 회복을 위한 가장 현실적인 계획을 찾아야 한다.

겸손하라

다윗은 하나님 앞에 자신을 겸허하게 낮추었다. 다윗은 맨발로 울면서 올리브 산 언덕을 올라갔다. "다윗은 올리브 산 언덕으로 올라갔다. 그는 올라가면서 계속하여 울고, 머리를 가리고 슬퍼하면서, 맨발로 걸어서 갔다"(삼하 15:30). 다윗이 올라가고 있는 곳은 그가 자주 "하나님을 경배하는 산꼭대기"였다(삼하 15:32). 하나님을 예배하던 곳으로 올라가면서 다윗은 어떤 생각이 들었을까? 함께 통곡하는 백성들은 하나님이 세우신 왕과 그 하나님의 통치를 실현해야 할 왕국이 위기에 처했음을 인식하고 통곡하였을 것이다.

다윗은 자신의 실패로 하나님 나라와 그의 백성이 위기에 처했음을 알았다. 그의 실패는 자신의 욕망과 가정을 하나님의 통치 가운데 두지 않고 방치한 것이었다. 하나님은 우리의 모든 영역에서 주가 되셔야만 한다. 그는 진심으로 통회하며 겸허하게 하나님을 향해 올라갔다.

왕좌에 오르고 나서도 다윗은 사울 가문으로부터 의혹과 불신을 받고 있었다. 다윗이 피난길에 올라 바후림이라는 마을 가까이에 이르렀을 때, 사울 가문의 한 사람인 시므이라는 자가 갑자기 나타났다. 신하들과 장수들이 다윗 곁을 지키고 있는데도 그는 다윗과 그 신하들에게 계속 돌을 던지며 다윗을 저주하였다. 시므이의 저주는 감내하기 어려운 것이었다. "영영 가거라! 이 피비린내 나는 살인자야! 이 불한당 같은 자야! 네가 사울의 집안사람을 다 죽이고, 그의 나라를 차지하였으나, 이제는 주님께서 그 피 값을 모두 너에게 갚으신다"(삼하 16:7-8a). 주변에 있던 장수 아비새가 그를 죽이겠다고 나서자 다윗은 이렇게 대답한다.

"스루야의 아들아, 나의 일에 너희가 왜 나서느냐? 주님께서 그에게, 다윗을 저주하라고 분부하셔서 그가 저주하는 것이라면, 그가 나를 저주한다고, 누가 그를 나무랄 수 있겠느냐?"(삼하 16:10)

시므이가 따라오면서 저주하고, 돌을 던지고, 흙먼지를 일으켜도 다윗은 그저 제 갈 길을 간다. 모욕을 당하는 자신의 모습을 하나님이 보시고 회복시켜 주시길 기대하지만 시므이를 처단하지는 않는다. 그는 자신에게 닥친 일이 바로 자신의 과오, 즉 부하의 아내 밧세바를 취하고 그의 남편을 살해한 죄 때문임을 안다. 또한 그로 인해 암논의 무도함과 압살롬의 반역이 발생한 것을 인정한다.

그리스도인 개인의 실패는 결코 개인의 실패로 끝나지 않는다. 그리스도인이 사적인 영역이라고 여기는 자신의 욕망과 가정을 하나님의 통치 안에 두지 않을 때, 한 개인의 삶뿐 아니라 하나님 나라의 공동체가 무너진다. 그리스도인의 신앙은 교회 안에서만 작동하고, 욕망과 가정, 그리고 세상에서는 작동하지 않는 듯 보인다. 한국 교회는 무너지고 있고, 세상은 우리 사회에 교회가 존재하는 것을 불안하게 여기는 정도에 이르렀다. 시므이 같은 이들이 일어나 교회를 모독하고, 저주하는 일이 심심치 않게 벌어지고 있다.

지금 한국 교회가 크고 화려한 건물을 짓는 것으로 하나님께 영광을 돌릴 때인지 하나님께 여쭤어 볼 필요가 있다. 지금 한국 교회가 무너지고 있는 것은 교회 밖에 있는 어떤 세력들 때문이 아니다. 그리스도인이라 부르면서도 자신의 욕망과 가족의 일은 사적 영역으로 치부하고 치외 법권 지역으로 만든 우리 때문이다. 우리는 세상에서 겸손하게 행해야 한다. 겸손하게 욕을 먹고, 우리의 잘못을 인정하고, 우리가 해야 할 일을 그저 묵묵히 행하는 것이다. 지금 우리가 해야 할 일은 우리의 모든 욕망과 일과 관계들 속에 하나님의 나라가 이루어지도록 우리의 전부를 내어드리는 일일 것이다.

동역자들과 함께하라

다윗은 사람들에게 도움을 요청하고, 그 도움을 기꺼이 받아들였다. 이방인이자 용병이던 잇대는 압살롬에게 돌아가서 살 길을 찾으라는 다윗의 권고를 뿌리치며 단호하게 말한다.

> "주님께서 확실히 살아 계시고, 임금님께서도 확실히 살아 계심을 두고 맹세합니다만, 그럴 수는 없습니다. 임금님께서 가시는 곳이면, 살든지 죽든지, 이 종도 따라 가겠습니다"(삼하 15:21).

다윗은 잇대와 그의 군사들과 함께 가기로 결정한다.

또한 다윗은 사독과 그의 제사장 가문이 자신을 따라오겠다고 했을 때, 언약궤는 예루살렘에 있어야 하며 하나님이 원하신다면 예루살렘으로 돌아가게 하실 것이라는 말을 듣고 다시 예루살렘으로 돌아간다. 다윗 주변에는 요압과 같이 유능하면서도 완고한 사람들도 있었지만 잇대나 사독처럼 경건하고 신실한 자도 많았다.

개인이든 교회든 회복은 함께하는 사람들이 있을 때 가능해진다. 앞서 예로 든 고든 맥도날드가 비서와의 불륜으로 실족했을 때, 그레이스 채플에서는 빌 하이벨스, 찰스 스윈돌, 제임스 돕슨 등과 같은 사람들과 회복 절차를 거치도록 했다. 3년 동안의 회복 기간을 거친 후, 그레이스 채플은 그를 다시 목회자로 받아들였다. 어떤 방식으로든 무너졌을 때, 우리는 혼자서는 다시 돌아올 수 없다. 우리에게는 잇대처럼 함께 싸워 줄 사람, 사독처럼 상황을 파악하고 하나님의 뜻을 분별해 줄 사람이 필요하다.

한국 교회가 참 어려운 시기를 지나고 있지만, 여전히 잇대와 사독처럼 신실한 사람들이 있다. 그들이 있는 한 우리는 함께 하나님이 원하시는 교회로 되돌아갈 수 있을 것이다. 지금은 우리가 어디에서 미끄러졌는지를 알고, 철저하게 통회하고 슬퍼하며, 여호와 하나님의 은혜를 바라보아야 할 때다. 동시에 우리는 신실한 사람들과 함께 지략과 힘을 모아 미래를 도모하여야 한다.

문제는 우리가 통회하지 않는다는 것이다. 한국 교회의 쇠락은 분명 우리 자신의 죄 때문이다. 누군가의 계략이나 음모 때문이 아니다. 우리가 몰락한 원인을 다른 이들에게서 찾을 때, 회복은 불가능하다. 그것은 사울의 길이다. 사울은 몰락하지도 않은 자신이 다윗 때문에 몰락할 것이라고 믿고 다윗을 제거하는 데 온 힘을 기울였지만, 결국 사울이 죽은 것은 다윗 때문이 아니었다. 사울을 죽인 것은 사울 자신이었음을 기억하자.

경청하라

다윗은 슬픔 가운데서도 경청했다. 결국 다윗의 충성스러운 부하들은 압살롬을 따르는 이스라엘 백성을 물리치고 전쟁에서 승리한다. 다윗이 모든 사람에게 "압살롬을 너그럽게 대하여 주시오"(삼하 18:5)라며 부탁하였건만, 압살롬은 완고한 부하 요압의 손에 죽는다. 다윗은 승전을 기뻐할 수 없었다. 사랑하는 아들이 죽었기 때문이다.

목숨을 걸고 다윗을 따르던 부하들은 승리를 기뻐할 수도, 다윗을 따라 압살롬의 죽음을 슬퍼할 수도 없는 처지가 되었다. 다윗이 압살롬을 부르며 슬퍼하고 있으니 그들의 승리는 주군에게 슬픔을 안겨다 준 꼴이 되었다. 모든 군인에게 "그날의 승리가 슬픔으로 바뀌었다"(삼하 19:2). 그들은 승전을 기뻐하지도 못한 채, 마치 패전한 군인들처럼 슬며시 성 안으로 들어갔다.

이때 요압이 다윗에게 충언한다. "왕이 이렇게 슬퍼하고 계시면, 왕을 위해 싸운 사람들은 무엇이 되는가? 왕은 부하들보다 아들을 더 사랑하셨으니 압살롬이 살고 부하가 다 죽었다면 아마 기뻐하셨을 것 같다. 지금 왕을 위해 싸운 저들을 위로하고 승리를 축하하지 않는다면, 저들은 왕의 곁을 떠나고 말 것이다"라는 내용이었다(삼하 19:5-7). 당시의 급박한 상황을 요압은 이렇게 전달한다. "이제라도 일어나 밖으로 나가서서, 임금님의 부하들을 위로의 말로 격려해 주십시오. 제가 주님의 이름을 걸고 맹세하지만, 지금 임금님께서 밖으로 나가지 않으시면, 오늘밤에 한 사람도 임금님 곁에 남아 있지 않을 것입니다"(삼하 19:7). 다윗은 크나큰 슬픔 중에 경청한다.

감정이 우리를 압도할 때 우리는 잘 듣지 못한다. 사랑하는 사람을 잃어버린 슬픔이 나를 압도할 때, 친구에게 배신을 당하고 배신감에 울화가 치밀어 오를 때, 부당한 대우를 받고 분노가 내 마음을 가득 채울 때, 이럴 때일수록 우리는 우리의 귀를 열고 들어야 한다. 말하는 이가 요압과 같이 싫은 사람일지라도 그가 진리를 말하면, 들어야 한다.

다윗은 경청하는 사람이었다. 경청은 다윗이 다시 일어설 수 있었던 가장 큰 요인이다. 사람은 듣지 않을 때 몰락한다. 욕망이 질러대는 큰 소리에 파묻혀 하나님의 미세한 음성을 듣지 못했을 때, 다윗은 몰락했다. 반면에 하나님과 사람들에게 지혜를 구하며 들었을 때, 그는 일어섰다. 사람들은 듣지 못하기 때문에 망한다. 이스라엘 백성이 예수 그리스도를 거부한 것은 그들에게 들을 귀가 없었기 때문이었다. 지혜자는 듣는 사람이다. 나이가 들수록 더 잘 들어야 한다. 나이가 들면 익숙한 생각, 습관이 된 관점을 벗어나는 것이 점점 어려워진다. 자기를 볼 줄 아는 눈, 자기를 객관화할 줄 아는 능력이 사라지면 우리는 성장을 멈춘다. 다윗은 들었다. 하나님께, 여인에게, 선지자에게, 친구에게, 그리고 적에게도.

이사야는 자신들의 죄로 바벨론에 포로로 잡혀 와 하나님 나라에 대한 꿈을 잃어버리고 사는 하나님의 백성을 일으켜 세우는 소명을 받았다. 사람들의 반대와 조롱, 모욕 가운데서도 그가 하나님의 부르심을 따라 살아갈 수 있던 것은 바로 경청하는 사람이었기 때문이다. 결국 이사야는 이스라엘이 바벨론을 떠나 시온으로 돌아가게 한다. 우리가 세상의 압력에 저항하고 하나님 나라의 새로운 질서를 창조하며 살아갈 수 있는 힘은 '경청'에서 나온다. 하나님의 말씀을 경청할 줄 아는 사람이 하나님의 부르심을 성취한다.

주 하나님께서 나를 학자처럼 말할 수 있게 하셔서, 지친 사람을 말로 격려할 수 있게 하신다. 아침마다 나를 깨우쳐 주신다. 내 귀를 깨우치시어 학자처럼 알아듣게 하신다(사 50:4).

주여! 우리의 귀를 열어 주셔서 하나님의 놀라운 지혜를 깨닫게 하시고, 세상살이로 지친 사람들과 세상으로 무너져 가는 교회를 말씀으로 일으켜 세우게 하소서.

다시 광야로

결국, 우리가 다시 광야로 나가야 하는 이유는 우리가 맺고 있는 일상의 삶과 관계들을 돌아보기 위함이다. 하나님이 내게 맡겨 주신 모든 일상을 성실하게 살고 누리고 있는지를 성찰하기 위함인 것이다. 우리가 맺고 있는 모든 관계 속에 성령의 열매가 맺히고 있는지, 육신의 열매가 맺히고 있는지를 돌아보아야 한다. 하나님의 나라는 우리가 맺는 관계들 속에서 열매를 맺는다.

우리는 지금 다시 광야로 나아가야 한다. 몰락의 위기를 겪고 있을 때 우리가 해야 할 일은 우리의 모든 일상의 삶과 관계들을 돌아보고, 삶의 모든 영역에서 그리스도의 주 되심을 따라 살고 있는지 살펴보는 것이다. 자신이 게을러서 변화하지 않고 머물러 있는 삶의 영역은 없는지 돌아보자. 자신이 맺고 있는 관계들 가운데 방치되어 있거나, 자신의 욕망을 따라 사느라 소홀히 하고 가꾸지 않는 관계가 있다면, 그 관계들 속에서 성령의 열매를 맺어 가도록 노력하자.

다시 광야로 나가자. 우리는 그곳에서 하나님의 뜻을 묻고 회복을 위한 현실적인 대안들을 찾아야 한다. 겸허하게 우리의 잘못을 인정하고, 지금 우리가 할 수 있는 일을 해야 한다. 그리고 여전히 신실한 우리의 동역자들을 귀하게 여기고, 그들과 함께할 수 있는 일을 찾아야 한다. 하나님의 말씀을 듣고 세상 사람들의 말에 귀를 기울여야 한다. 하나님께 잘 듣고 배우는 제자가 될 때, 우리는 세상을 사느라 지친 그리스도인들을 일으켜 세울 수 있다.

저항과 창조의 길,
우리는 광야에 서 있다.

주

1장
1. 월터 브루그만, 「예언자적 상상력」, 복있는사람 역간.
2. 유진 피터슨, 「현실에 뿌리박은 영성」, 48쪽, IVP 역간.
3. 〈뉴스앤조이〉, 2012년 9월 18일에서 재인용.
4. 데이비드 부소, 「네가 선택한 길에서 뒤돌아보지 마라」, 포이에마 역간.

2장
1. 요람 하조니, 「에스더서로 고찰하는 하나님과 정치」, 홍성사 역간.
2. 이들은 고대 근동에서 사회 질서에 뿌리박지 못하고 권리를 빼앗긴 이들로, 가장 낮은 계층의 사람들을 일컫는 말이다.
3. 오스 기니스, 「소명」, IVP 역간.
4. 스캇 맥나이트, 「원 라이프」, 성서유니온선교회 역간.
5. 스탠리 하우어워스, 윌리엄 윌리몬, 「하나님의 나그네 된 백성」, 복있는사람 역간.

3장
1. 알랭 드 보통, 「불안」, 은행나무 역간.
2. 앞의 책.
3. 유진 피터슨, 「현실에 뿌리박은 영성」, IVP 역간.

4장

1. 말콤 글래드웰, 「다윗과 골리앗: 강자를 이기는 약자의 기술」, 21세기북스 역간.
2. 스탠리 하우어워스, 윌리엄 윌리몬, 「주여, 기도를 가르쳐 주소서」, 복있는사람 역간.
3. 스테판 에셀, 「분노하라」, 돌베개 역간.
4. 앞의 책.
5. 월터 브루그만, 「예언자적 상상력」, 복있는사람 역간.
6. 유진 피터슨, 「현실에 뿌리박은 영성」, IVP 역간.

5장

1. 유진 피터슨, 「현실에 뿌리박은 영성」, IVP 역간.
2. 고든 웬함 외, 「IVP성경주석 구약」, IVP 역간.
3. 최인철, 「프레임: 나를 바꾸는 심리학의 지혜」, 21세기북스.
4. 앞의 책, 121쪽.
5. 미로슬라브 볼프, 「배제와 포용」, IVP 역간.
6. C. S. 루이스, 「고통의 문제」, 홍성사 역간.
7. 래리 크랩, 「행복」, IVP 역간.
8. 김형석, 「백 년을 살아 보니」, 덴스토리.

6장

1. 유진 피터슨, 「현실에 뿌리박은 영성」, IVP 역간.
2. 르네 지라르, 「희생양」, 민음사 역간.
3. 유진 피터슨, 「현실에 뿌리박은 영성」, IVP 역간.
4. 김건우, 「대한민국의 설계자들」, 느티나무책방.
5. 김응교, 「곁으로」, 새물결플러스.

7장

1. 데이비드 울프, 「문제적 인간 다윗」, 미래의창 역간.
2. 앞의 책.
3. 존 브래드쇼, 「가족」, 학지사 역간.
4. 미로슬라브 볼프, 「배제와 포용」, IVP 역간.
5. 유진 피터슨, 「현실에 뿌리박은 영성」, IVP 역간.

8장

1. 유진 피터슨, 「주와 함께 달려가리이다」, IVP 역간.
2. 달라스 윌라드, 「하나님의 음성」, IVP 역간.
3. 월터 브루그만, 「예언자적 상상력」, 복있는사람 역간.
4. 이미애, 「사막에 숲이 있다」, 서해문집.

9장

1. 김구원, 「사무엘하」, 홍성사.
2. 앞의 책.
3. 앞의 책.
4. 빌 하이벨스, 「인생 경영」, IVP 역간.
5. 김구원, 「사무엘하」, 홍성사.
6. 데이비드 울프, 「문제적 인간 다윗」, 미래의창 역간.
7. 앞의 책.
8. 앞의 책.
9. 손봉호, 2011년 2월 21일 〈시사저널〉 인터뷰 기사.
10. 김구원, 「사무엘하」, 홍성사.
11. 월터 브루그만, 「사무엘상·하」, 한국장로교출판사 역간.
12. NEWS M 아카이브 2010년 9월 19일.
13. 월터 브루그만, 「사무엘하」, 한국장로교출판사 역간.

광야를 걷고 있는 그대에게

초판 발행	2020년 5월 25일
초판 3쇄	2023년 7월 20일
지은이	김유복
발행인	손창남
발행처	(주)죠이북스(등록 2022. 12. 27. 제2022-000070호)
주소	02576 서울시 동대문구 왕산로19바길 33, 1층
전화	(02) 925-0451 (대표 전화)
	(02) 929-3655 (영업팀)
팩스	(02) 923-3016
인쇄소	송현문화
판권소유	ⓒ(주)죠이북스
ISBN	979-11-983839-2-1 03230

책값은 뒤표지에 있습니다.
잘못된 도서는 교환하여 드립니다.
이 책 내용을 허락 없이 옮겨 사용할 수 없습니다.